生动

教育探索与实践

梁宏杨 —— 主编

吉林文史出版社

图书在版编目（CIP）数据

生动教育探索与实践 / 梁宏杨主编. —长春：吉
林文史出版社，2020.8
ISBN 978-7-5472-7113-1

Ⅰ.①生… Ⅱ.①梁… Ⅲ.①中学教育—研究 Ⅳ.
①G63

中国版本图书馆CIP数据核字（2020）第145282号

生动教育探索与实践

SHENGDONG JIAOYU TANSUO YU SHIJIAN

著　作　者：梁宏杨
责任编辑：程　明
封面设计：姜　龙
出版发行：吉林文史出版社有限责任公司
电　话：0431-81629369
地　址：长春市福祉大路5788号
邮　编：130117
网　址：www.jlws.com.cn
印　刷：北京政采印刷服务有限公司
开　本：170mm×240mm　　1/16
印　张：11.75　　　　字　数：212千字
印　次：2022年6月第1版　2022年6月第1次印刷
书　号：ISBN 978-7-5472-7113-1
定　价：45.00元

编 委 会

上 篇
生动教育理念形成

第一章

生动教育概念与理论概述

当前，减负与素质教育仍然是社会的热点话题。高考指挥棒和过重的学业负担仍是压在学校、家长、学生身上的沉重负担。近年来，国家出台了一系列的政策措施力图改变这种状况，但具体落地还需要学校、社会共同努力。我校立足于立德树人基本任务，以培养社会主义事业合格接班人为目标，大力推行教育教学改革，实施生动教育，探索出一条真正实施素质教育的路子，切实减轻了学生过重的学业负担，提高了教育教学质量，取得了一定的成效。

生动教育以学生发展为中心，关心学生的生命、生活和生长，注重学生的成长、成人与成才。所谓生动教育包含两层意思：一是在教育教学各类活动、各个环节上，充分发挥教师的指导作用和学生的主体作用，让学生主动、积极、充分参与教育教学中，充分地"动"起来，做到心动、身动、神动，在学中"动"；二是教育教学的活动内容和载体生动有趣，活泼多样，让学生喜学乐学，在"动"中学。我校的生动教育实践包括生动管理、生动德育、生动课堂和生动课程实践等。

第一节　生动教育的理论基础

一、生活教育理论

生动教育以生本理论、生活理论、生命理论为指导。美国著名教育家杜威（John Dewey）对于教育是这样定义的：教育即生活，教育即生长，教育即经验的持续不断地改造。在"教育即生活"这一命题上，杜威有很多深刻而独到的见解。杜威认为儿童心理活动的基本内容就是以本能活动为核心的心理机能不断发展和生长的过程，教育即起促进本能生长的作用。这种本能生长是在生活过程中展开的，所以教育即生活。生活的内容如此丰富，它无时不有，无处不在，包罗万象，蕴含了太多太多。当然教育并不是与生活完全画等号的，杜威所重视的主要在于正规的学校教育与社会生活及儿童生活的关系。他认为教育是生活的过程，学校是社会生活的一种形式。杜威主张以生活化的活动教学代替传统的课堂讲授，以儿童的亲身经验代替书本知识，以学生的主动活动代替教师主导。这些给我们在生动教育中以很大的启示，如怎样将生活化的活动融入教学，怎样恰如其分地把学生的直接经验运用到教学中，如何让学生以积极的态度和极大的热情投入到各式各样的社会活动中，等等。

陶行知先生在探索生活教育理论方面也给了我们很好的启发。他在不断探索与实践的基础上形成了"社会即学校""生活即教育""教学做合一"的完整理论体系。具体来说，陶行知的"生活即教育"具有以下基本含义：教育源于生活，生活是教育的活力之源，必须通过现实生活去发现教育的意义。首先，教育要根植于生活，就必须与现实生活场景发生联系，生活就是教育，过什么生活便受什么教育。其次，生活是教育的中心，教学要用生活来教育，以社会生活为基准，以社会生活当中所需、急需的内容为教学内容。最后，教育是为了改进生活，是为了提高生活水平，创造新的幸福生活。生活教育理论是陶行知教育思想的核心与精华，并从根本上改变了理论与实际相脱离的旧的教学方式，具有浓厚的时代气息和创新精神。它主张以学生的实际操作为最基本的教学方式，让学生在动手实践中理解、掌握理论知识，并将理论知识运用到现实生活中去，使学习的过程与科学认识的过程相一致，即"实践、认识、再实践"，这无疑给死气沉沉的学校教学带来了清新鲜活的气息。教学应该将学生的学习与生活相沟通，让他们在生活的世界中去发现，去探求，才能最大限度地激发他们的兴趣和好奇心，才能使以文字为中心的教科书变得活跃生动。教学教育必须生活化，这也是生动教育的特点之一。

二、生命教育理论

20世纪中叶，一种新的教育思潮——生命教育，在世界上日益凸显，它由美国人杰·唐纳·华特士（J.Donald Walters）明确提出。华特士于1968年在美国加州创建了阿南达村（Ananda Village）以及阿南达生活智慧学校，开始倡导和实践生命教育。几十年来，他提出的生命教育理念受到人们高度重视，并在较短的时间内普及世界许多国家和地区，逐步形成一种新的教育思潮。近年来，国内外许多学者从教育学、心理学、生物学、环境伦理学、社会学等不同角度，对生命教育的产生、内涵、目标、内容、方法与实施途径等，进行了深刻而广泛的研究和探讨，取得了生命教育实践和研究的大量成果。国内有些学者从自身研究的领域和角度，对生命教育的概念给予阐释。有的学者认为，生命教育是一种全人教育，目的在于促进学生生理、心理、社会、灵性全面均衡地发展；有的学者指出，生命教育是以生命的视野，重新审视人与自然、人与人、人与自身之间的关系，并遵照生命昭示的规律而进行的教育；也有学者认为，生命教育就是终身教育；还有学者认为，生命教育就是关爱生命的教育。不管怎样，生命教育都以人为中心，关注生命的安全、人格的健全，关注人的健康生长、快乐成长并具备相应的能力，这是生命教育的本质，也是生动教育的主要内涵。

三、生本教育理论

生本教育理论主要是郭思乐教授创立的一种教育思想和教学方式。它是为学生好学而设计的教育，也是以生命为本的教育，它既是一种方式，更是一种理念，是真正做到以学生为学习的主人，为学生好学而设计的教育。生本教育与师本化、灌注性教学相对立，有强大的穿透力、冲击力、震撼力和感染力。生本教育把师生关系处理得十分完美、和谐，教学效果十分显著。

生本教育是以"一切为了学生，高度尊重学生，全面依靠学生"为宗旨的教育，是真正做到以学生为学习的主人，为学生好学而设计的教育。其理论体系包括：

（1）价值观：一切为了学生。

（2）伦理观：高度尊重学生——儿童是天生的学习者；儿童人人可以创新；儿童潜能无限；儿童具有独立性。

（3）行为观：全面依靠学生——学生是教育对象，更是教育资源。

（4）生本教育体系哲学思考：无为而为；教少学多；可以双赢。

（5）生本教育的课程观：小立课程，大作功夫；整体感悟与知识生命。

（6）生本教育的方法论：先做后学；先会后学；先学后教；不教而教；以学定教与内核生成课程；讨论是学习的常规；读和做；缓说破——促进感悟，开发潜能。

生本教育的三个原则：一切为了学生，高度尊重学生，全面依靠学生。在课堂教学实践中"教要皈依学，让生命自己行动"。要把"主要依靠教"的教学转变为"在教的帮助下，主要依靠学"。

郭思乐教授提出生本教学的十六字方针：先做后学，先学后教，少教多学，以学定教。这些观点与生动教育理念相通，是生动教育的重要理论基础之一。

第二节　新时代背景下的生动教育

中共中央总书记、国家主席、中央军委主席习近平在2018年9月10日全国教育大会上提出教育的总要求："在党的坚强领导下，全面贯彻党的教育方针，坚持马克思主义指导地位，坚持中国特色社会主义教育发展道路，坚持社会主义办学方向，立足基本国情，遵循教育规律，坚持改革创新，以凝聚人心、完善人格、开发人力、培育人才、造福人民为工作目标，培养德、智、体、美、劳全面发展的社会主义建设者和接班人，加快推进教育现代化，建设教育强国，办好人民满意的教育。"会上还提出了教育的目标任务是"把培养社会主义建设者和接班人作为根本任务，培养一代又一代拥护中国共产党领导和我国社会主义制度、立志为中国特色社会主义奋斗终身的有用人才"。并且指出，"要在坚定理想信念上下功夫，教育引导学生树立共产主义远大理想和中国特色社会主义共同理想，增强学生的中国特色社会主义道路自信、理论自信、制度自信、文化自信，立志肩负起民族复兴的时代重任。"

"要在厚植爱国主义情怀上下功夫，让爱国主义精神在学生心中牢牢扎根，教育引导学生热爱和拥护中国共产党，立志听党话、跟党走，立志扎根人民、奉献国家。

"要在加强品德修养上下功夫，教育引导学生培育和践行社会主义核心价值观，踏踏实实修好品德，成为有大爱、大德、大情怀的人。

"要在增长知识见识上下功夫，教育引导学生珍惜学习时光，心无旁骛求知问学，增长见识，丰富学识，沿着求真理、悟道理、明事理的方向前进。

"要在培养奋斗精神上下功夫，教育引导学生树立高远志向，历练敢于担当、不懈奋斗的精神，具有勇于奋斗的精神状态、乐观向上的人生态度，做到刚健有为、自强不息。

"要在增强综合素质上下功夫，教育引导学生培养综合能力，培养创新思维。

"要树立健康第一的教育理念，开齐开足体育课，帮助学生在体育锻炼中享受乐趣、增强体质、健全人格、锤炼意志。

"要全面加强和改进学校美育，坚持以美育人、以文化育人，提高学生审美和人文素养。

"要在学生中弘扬劳动精神，教育引导学生崇尚劳动、尊重劳动，懂得劳动最光荣、劳动最崇高、劳动最伟大、劳动最美丽的道理，长大后能够辛勤劳动、诚实劳动、创造性劳动。"

上述的论述，是教育发展的纲领性文件，是新时代教育现代化的目标和任务。生动教育的理念，能更好地落实这个目标与任务。

一、《国家中长期教育改革和发展规划纲要（2010—2020年）》与生动教育

《国家中长期教育改革和发展规划纲要（2010—2020年）》（以下简称《纲要》）把育人为本作为教育工作的根本要求，指出要以学生为主体，以教师为主导，充分发挥学生的主动性，把促进学生健康成长作为学校一切工作的出发点和落脚点。关心每个学生，促进每个学生主动、生动活泼地发展，尊重教育规律和学生身心发展规律，为每一个学生提供适合的教育。努力培养造就数以亿计的高素质劳动者、数以千万计的专门人才和一大批拔尖创新人才。生动教育较好地发挥学生的主体作用，强调学生参与教学各个环节，以生动活泼的内容和形式开展教育活动，较好地培养学生的动手能力和创新能力，提高学生的综合素质。

《纲要》指出，把提高质量作为教育改革发展的核心任务，树立科学的质量观，把促进人的全面发展、适应社会需要作为衡量教育质量的根本标准。树立以提高质量为核心的教育发展观，注重教育内涵发展，鼓励学校办出特色、办出水平，出名师、育英才。建立以提高教育质量为导向的管理制度和工作机制，把教育资源配置和学校工作重点集中到强化教学环节、提高教育质量上来。加强教师队伍建设，提高教师整体素质。生动教育作为学校高质量发展的探索，以促进人的全面发展为宗旨，以提高教育质量为基本标准，在发展中形成学校的教育特色。

《纲要》指出，教育战略主题是坚持以人为本、全面实施素质教育，重点是面向全体学生、促进学生全面发展。坚持德育为先。立德树人，把社会主义核心价值体系融入国民教育全过程；创新德育形式，丰富德育内容，不断提高德育工作的吸引力和感染力，增强德育工作的针对性和实效性。坚持能力为重。优化知识结构，丰富社会实践，强化能力培养，着力提高学生的学习能力、实践能力、创新能力，教育学生学会知识技能，学会动手动脑，学会生存生活，学会做人做事，促进学生主动适应社会，开创美好未来。坚持全面发展。全面加强和改进德育、智育、体育、美育。促进德育、智育、体育、美育有机融合，提高学生综合素质，使学生成为德、智、体、美全面发展的社会主义建设者和接班人。生动教育以德为先，开展了丰富的中华国粹文化社团，让

学生积极探索。在德育教育中开展中华优秀传统文化的传承教育，让学生在体验中学习、领悟，较好地传承中华优秀传统。

《纲要》指出，要深入推进课程改革，全面落实课程方案，保证学生全面完成国家规定的文理各门课程的学习。创造条件开设丰富多彩的选修课，为学生提供更多选择，促进学生全面而有个性的发展。要探索、发现和培养创新人才的途径，鼓励普通高中办出特色。生动教育通过"生动课程"有效地落实了上述要求。一是有完善的课程体系，国家课程—地方课程—校本课程类别完整；二是校本课程呈现了学校的特色和学生的专长，适应学生的个性发展；三是人文课程与自然、科学课程、技术课程相结合，课程类型丰富，为学生提供了丰富的选择。

二、中国学生核心素养与生动教育

核心素养是个人终身发展、融入主流社会和充分就业所必需的素养的集合，这些素养在现代民主社会中，是学生终身发展和适应社会发展的需要。

关于素养的研究由来已久，心理学中能力模型可以看作素养研究的前身。近年来，随着世界教育改革浪潮的推进，世界各国（地区）与国际组织相继在教育领域建立学生核心素养模型，以此推进教育目标的贯彻与落实，改革教育评价方式，促进教育质量的提高。

自1997年以来，国际经济合作与发展组织（OECD）、联合国教科文组织（UNESCO）、欧洲联盟（EU）等国际组织先后开展关于核心素养的研究。受其影响，美国、英国、法国、德国、芬兰、日本、新加坡、中国台湾地区也积极开发核心素养框架。此处主要介绍国际组织、美国（西方国家代表）、新加坡（亚洲国家代表，与我国具有同样的儒家文化背景）所开发的核心素养框架。

1997年12月，OECD启动了"素养的界定与遴选：理论和概念基础"项目，确定了三个维度九项素养。

（1）能互动地使用工具，包括三项素养：互动地使用语言、符号和文本；互动地使用知识和信息；互动地使用（新）技术。

（2）能在异质群体中进行互动，包括三项素养：了解所处的外部环境，预料自己的行动后果，能在复杂的大环境中确定自己的具体行动；形成并执行个人计划或生活规划；知道自己的权利和义务，能保护及维护权利、利益，也知道自己的局限与不足。

（3）能自律自主地行动，包括三项素养：与他人建立良好的关系；团队合作；管理与解决冲突。该框架对于PISA测试具有直接影响，进而对许多国家和地区开发的核心素养框架产生了重要影响。

2006年12月，EU通过了关于核心素养的建议案，核心素养包括母语、外语、数学与科学技术素养、信息素养、学习能力、公民与社会素养、创业精神以及艺术素养共计八个领域，每个领域均由知识、技能和态度三个维度构成。这些核心素养作为统领欧盟教育和培训系统的总体目标体系，其核心理念是使全体欧盟公民具备终身学习能力，从而在全球化浪潮和知识经济的挑战中能够实现个人成功与社会经济发展的理想。

2013年2月，UNESCO发布报告《走向终身学习——每位儿童应该学什么》。该报告基于人本主义的思想提出核心素养，即从"工具性目标"（把学生培养成提高生产率的工具）转变为"人本性目标"，使人的情感、智力、身体、心理诸方面的潜能和素质都能通过学习得以发展。在基础教育阶段尤其重视身体健康、社会情绪、文化艺术、文字沟通、学习方法与认知、数字与数学、科学与技术七个维度的核心素养。

2002年美国制定了"21世纪素养"框架，2007年发布了该框架的更新版本，全面、清晰地将各种素养以及它们之间的相互关系呈现出来。

美国"21世纪素养"框架以核心学科为载体，确立了三项技能领域，每项技能领域下包含若干素养要求。

（1）学习与创新技能，包括批判性思维和问题解决能力、创造性和创新能力、交流与合作能力。

（2）信息、媒体与技术技能，包括信息素养、媒体素养、信息交流和科技素养。

（3）生活与职业技能，包括灵活性和适应性、主动性和自我指导、社会和跨文化技能、工作效率和胜任工作的能力、领导能力和责任能力（见图1-2-1）。

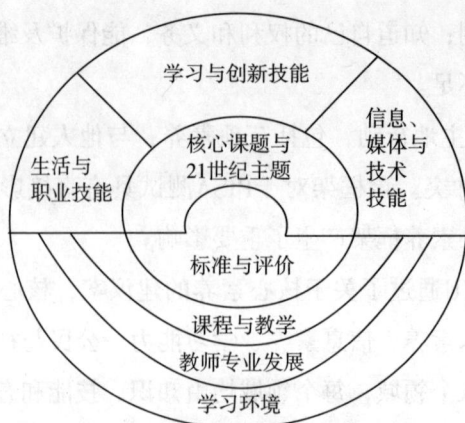

图1-2-1　美国"21世纪素养"框架

2010年3月，新加坡教育部颁布了新加坡学生的"21世纪素养"框架（见图1-2-2）。其中，核心价值观包括尊重、负责、正直、关爱、坚毅不屈及和谐。社交与情绪管理技能包括自我意识、自我管理、社会意识、人际关系管理、负责任的决策。公民素养、全球意识和跨文化交流技能包括活跃的社区生活、国家与文化认同、全球意识、跨文化的敏感性和意识。批判性、创新性思维包括合理的推理与决策、反思性思维、好奇心与创造力、处理复杂性和模糊性。交流、合作和信息技能，包括开放、信息管理、负责任地使用信息、有效地交流。

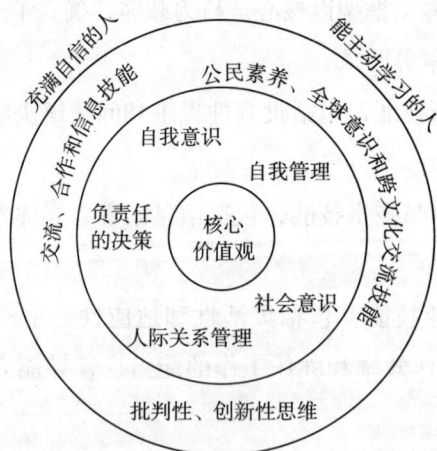

图1-2-2　新加坡学生的"21世纪素养"框架

　　为把中国共产党第十八次全国代表大会和中国共产党第十八届中央委员会第三次全体会议提出的关于立德树人的要求落到实处，2014年教育部研制印发《关于全面深化课程改革落实立德树人根本任务的意见》，提出"教育部将组织研究提出各学段学生发展核心素养体系，明确学生应具备的适应终身发展和社会发展需要的必备品格和关键能力"。

　　2016年9月13日上午，中国学生发展核心素养研究成果发布（见图1-2-3）。中国学生发展核心素养以培养"全面发展的人"为核心，分为文化基础、自主发展、社会参与三个方面，综合表现为人文底蕴、科学精神、学会学习、健康生活、责任担当、实践创新六大素养。各素养之间相互联系、互相补充、相互促进，在不同情境中整体发挥作用。为方便实践应用，将六大素养进一步细化为十八个基本要点，并对其主要表现进行了描述。根据这一总体框架，可针对学生年龄特点进一步提出各学段学生的具体表现要求。

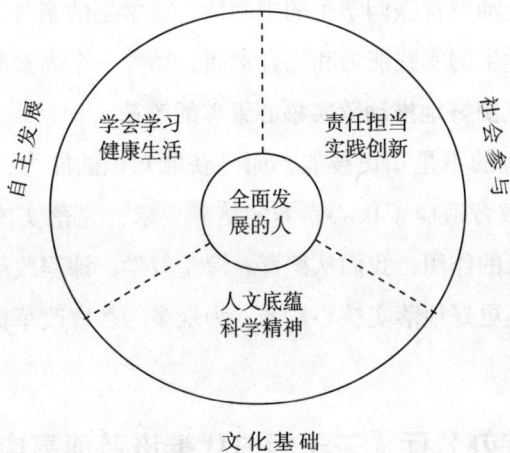

图1-2-3　中国学生发展核心素养

1. 生动教育能更好地落实核心素养的理念

　　核心素养关注人的全面发展，是以人的发展为中心的。离开人，就无所谓有核心素养；离开人，核心素养就失去了存在的主体，也就失去了价值意义。一句话，教育的出发点和落脚点归根结底在"人"。教育的任何变革，无论是教育体制的改革，还是教学模式的创新等，都要紧紧围绕"人"而作为。核心素养强调学生的自主发展，而自主性是人作为主体的根本属性。自主发展，重在强调能有效管理自己的学习和生活，认识和发现自我价值，发掘自身潜力，有效应对复杂多变的环境，成就多彩人生，发展成为有明确人生方向、有生活品质的人。这些都与"生动教育"理念一致。生动教育强调以人为本，强调学生的主动参与，强调学生的学习和成长的过程。因此，生动教育在理念上与核心素养相同，能更好地落实核心素养。

2. 生动教育能更好地落实核心素养的要求

中国学生发展核心素养，以科学性、时代性和民族性为基本原则，以培养"全面发展的人"为核心，分为文化基础、自主发展、社会参与三个方面。综合表现为人文底蕴、科学精神、学会学习、健康生活、责任担当、实践创新六大素养。"生动教育"的目标以核心素养的要求为目标，结合学校的实际，在德育上强调社会主义核心价值观与中华传统美德的融合，全面落实立德树人；在课程改革中，强调国家课程与地方课程、校本课程的结合，以校本课程来落实培养全面发展的人，并以丰富多彩、生动活泼的内容和形式开展教育活动；在教育过程中，生动教育强调学生的主动性，以学生的亲身体验、亲身实践、亲身参与来提高学生的实践能力和综合素质，培养一个高素质的全面的人。

3. 生动教育能更好地推动落实核心素养的改革

核心素养强调的不是知识技能，而是获取知识的能力，必将引发教育模式的变革。生动教育适应了核心素养的培养要求，是落实核心素养的教育尝试，起到抛砖引玉的作用，我们从德育、课堂教学、课程改革等方面都进行了改革探索，为的是更好地落实核心素养，为众多的教育改革提供经验，以推动教育教学的改革。

三、国务院办公厅《关于新时代推进普通高中育人方式改革的指导意见》与生动教育

2019年6月，国务院办公厅发布《关于新时代推进普通高中育人方式改革的指导意见》（国办发〔2019〕29号）（以下简称《意见》）。普通高中教育是国民教育体系的重要组成部分，在人才培养中起着承上启下的关键作用。办好普通高中教育，对于巩固义务教育普及成果、增强高等教育发展后劲、进一步提高国民整体素质具有重要意义。

1. 生动教育与《意见》的总体要求相吻合

《意见》指出：要落实立德树人根本任务，发展素质教育，遵循教育规律，

围绕凝聚人心、完善人格、开发人力、培育人才、造福人民的工作目标，深化育人关键环节和重点领域改革，坚决扭转片面应试教育倾向，切实提高育人水平，为学生适应社会生活、接受高等教育和未来职业发展打好基础，努力培养德、智、体、美、劳全面发展的社会主义建设者和接班人。到2022年，德、智、体、美、劳全面培养体系进一步完善，立德树人落实机制进一步健全。普通高中新课程、新教材全面实施，适应学生全面而有个性发展的教育教学改革深入推进，选课走班教学管理机制基本完善，科学的教育评价和考试招生制度基本建立，师资和办学条件得到有效保障，普通高中多样化有特色发展的格局基本形成。生动教育正是围绕"培养什么人""怎样培养人""为谁培养人"三个问题，围绕人的发展，深化育人关键环节的改革，探讨高中学校特色品牌形成的育人新路。

2. 生动教育可构建全面培养体系

生动教育以丰富的载体，生动的事例，有趣的活动，突出德育时代性，积极培育和践行社会主义核心价值观，深入开展中华优秀传统文化教育，加强学生品德教育，帮助学生养成良好的个人品德和社会公德，引导学生树立正确的国家观、历史观、民族观、文化观，切实增强"四个自信"，厚植爱党、爱国、爱人民思想情怀，树立为中华民族伟大复兴而勤奋学习的远大志向。

生动教育通过改进科学文化教育，统筹课堂学习和课外实践，强化实验操作，建设书香校园，强化综合素质培养。培养学生创新思维和实践能力，提升人文素养和科学素养。通过学校特色化的社团活动、体育运动，培养学生体育兴趣和运动习惯，培养学生艺术感知、创意表达、审美能力和文化理解素养。

生动教育通过开展研学、职业生涯规划以及组织学生深入社区、医院、福利院、社会救助机构等开展志愿服务，走进军营、深入农村，开展体验活动，拓宽综合实践渠道，提高学生综合实践能力。

3. 生动教育优化了课程实施

生动教育依照普通高中课程方案，合理安排高中三年各学科课程，开齐、开足体育与健康、艺术、综合实践活动和理化生实验等课程。积极开展校园体育、艺术、阅读、写作、演讲、科技创新等社团活动。建立了20多门选修课，有30多个活动社团，完善了学校课程管理，提高了学生的综合素质。

第二章

生动教育的提出

一、老校发展遇困境

广东两阳中学是一所有着110多年历史的老校，建校史可追溯至1903年创办的广府中学堂，原为广东省立第二中学，校址在广州市越华路。后因校舍烧毁而停办。1932年阳江绅士陈章甫为两阳地方营谋，取得省教育厅同意在阳江重建，校址选在阳江鼍山。1934年建成招生，校名仍为广东省立第二中学。1936年更名为广东省立两阳中学，属省重点中学。1938年10月，学校遭日机连续轰炸，校舍损毁严重。1939年春，学校被迫迁往阳春市城李家祠，后又迁至春北松柏乡大间村严氏祠。1942年，学校迁回鼍山旧址上课。1951年学校更名为广东两阳中学。"文化大革命"后期，学校改办成岗列中学。1978年由阳江市复办，取名"阳江市两阳中学"。1984年恢复校名——广东两阳中学，1988年为市属高中，1992年被定为市重点中学。由于招生限制诸多原因，教育教学质量出现滑坡，学校社会声誉度下降，教师凝聚力不强，教学观念比较陈旧，方法单一，教学质量在阳江地区属于三流学校，比不上县区的一中。2011、2012年，学校上重点本科人数为一二十人，上本科400多人，学校的发展遇到巨大的挑战。薄弱学校如何发展，百年名校如何复兴，是摆在我们面前的一个重大课题。

二、观念转变先行

为了寻求一条学校高品质发展之路，学校先从教师的观念转变入手，改变教师陈旧的课堂教学观念，以课堂改革作为切入点。为此，从2012年起，学校每年选派教学骨干到外地学习，先后共有200多人次到河北衡水中学、山东杜郎口中学参观学习。教师们通过听讲座、现场听课、座谈讨论等方式了解外地学校在高效课堂方面的改革和做法，对比我们传统的课堂，激发了要进行课堂改革的动机，为学校的改革奠定了良好的群众基础。同时，学校组织全体教师进行理论学习，特别是学习教学方面的理论。我们知道，教育的对象是学生，任何的教学方法都是让学生有效地学，并掌握学习的方法，进而实现终身的学习。通过学习，教师们达到的共识：

（1）要从传统的以教师为中心、以教材为中心、以学生为中心的"三中心"转变到以学生为中心的"一中心"上来。

（2）教师必须从"教"转到学生的"学"上来。

（3）教师必须充分调动学生学习的主动性、参与性。

（4）必须要合作学习。

正是教师观念的转变，为学校教学改革提供了群众基础，上下达成了共识。

第一节　从"一纸通"到生动课堂

2013年8月，学校在课堂上推广使用"一纸通"。所谓"一纸通"，类似于导学案，要求教师在课前把本节课的教学目标、学生预习方案、课堂上的知识梳理和重难点、课堂检测、课后作业等编在一张纸上，在上课前发给学生。"一纸通"作为学生预习的依据，教师讲课的依据，学生复习的依据，作业的依据，较好地引导学生预习、听课和练习作业，并可作为笔记保存。"一纸通"一般由备课组集体编印，实行集体备课、个性化使用，较好地统一了备课组内的教学进度，统一了主要的讲授内容和方法，提高了教学能力薄弱教师的教学效果。使用"一纸通"是我们进行课堂改革的第一步，我们在充分学习了杜郎口中学的"三三六自主学习模式"后，结合我校的实际，提出了要打造"生动课堂"，以生动课堂达到高效课堂的目标。根据埃德加·戴尔学习金字塔理论，在课堂上关注每一个学生，使学生有效地掌握知识。充分地调动学生，以学生为主体，以教师为主导，充分发挥学生的主动性，让每个学生主动地、生动活泼地学习；尊重教育规律和学生身心发展规律，让学生在合作中学习，在探究中学习，在人人参与，个个展示，体验成功，享受快乐。生动课堂的基本要求：

（1）采用"一纸通"。

（2）实行小组协作学习。

（3）充分调动学生自主学习、自主探究。

（4）每节课老师讲课时间不超过20分钟。

生动课堂要求学生自己动手、动脑、动口，调动学生各个感官，发挥学生主观能动性，真正做到学生是学习的主体、学习的主人。

案例 ① 语文一纸通

《将进酒》一纸通

编辑者：李晓丹　审编者：刘小玉

班别：_____　姓名：_____　小组：_____　使用时间：_____

【教学目标】

（1）诵读诗歌，理解诗歌的基本内容。

（2）把握诗歌的感情基调，理解其思想感情的复杂性。

（3）厘清诗歌中诗人情感变化的线索，背诵全诗。

【教学重点】

（1）吟咏诗韵，感受诗人情感变化。

（2）正确认识诗人"狂歌痛饮"豪放外表下的愤激之情。

【教学课时】

2课时。

【课前预习】

（一）作者简介

李白（701－762），字太白，号青莲居士，自称祖籍陇西成纪（今甘肃静宁西南）。先世于隋末流徙西域，李白即生于中亚碎叶城（今吉尔吉斯斯坦北部托克马克附近，唐时属安西都户府管辖）。幼时随父迁居绵州昌隆（今四川江油）青莲乡。

他的一生，绝大部分在漫游中度过。天宝元年（742），因道士吴筠的推荐，被召至长安，供奉翰林。文章风采，名动一时，颇为玄宗所赏识。因不能见容于权贵，在京仅三年，就弃官而去，仍然继续他那飘荡四方的流浪生活。安史之乱发生的第二年，他感愤时艰，曾参加了永王李璘的幕府。不幸，永王与肃宗发生了争夺帝位的斗争，兵败之后，李白受牵累，流放夜郎（今贵州境内），途中遇赦。晚年漂泊东南一带，依当涂县令李阳冰，不久即病卒。

李白的诗以抒情为主。他能够广泛地从当时的民间文艺和秦、汉、魏以来的乐府民歌中吸取丰富营养，形成了他独特的风格特点。他具有超乎寻常的艺术天分和磅礴雄伟的艺术力量。一切可惊可喜、令人兴奋、发人深思的现象，无不尽归笔底。杜甫有"笔落惊风雨，诗成泣鬼神"（《寄李十二白二十韵》）之评，是屈原之后我国最为杰出的_____主义诗人，有"_____"之称。与杜甫齐名，并称"_____"，韩愈云："李杜文章在，光焰万丈长。"（《调张籍》）。著有《李太白集》。

（二）写作背景

《将进酒》是汉乐府旧题，题意为"劝酒歌"。作者这首"填之以申己意"的名篇，约作于天宝十一年（752）。由于受到排挤，李白离开长安，开始了以东鲁、梁国为中心的第二次漫游。当时，他与友人岑勋在嵩山另一好友元丹丘的颍阳山居为客。他们登高畅饮，对酒当歌，畅抒满腔不平之情。此作就是他咏酒抒情的佳作。

（三）识记字音（给加横线的字注音）

将进酒（　　　　）　　　　　　莫使金樽空对月（　　　　）

烹羊宰牛且为乐（　　　　）　　岑夫子（　　　　）

钟鼓馔玉（　　　　）　　　　　斗酒十千恣欢谑（　　　　）

呼儿将出换美酒（　　　　）　　千金散尽还复来（　　　　）

（四）诵读指导

学生自由诵读，体会诗兴酒情。

吟咏诗韵：在诵读中发现，全诗以七言为主，以三、五、十言句"破"之，参差错综，以散行为主，用短小的对仗点缀，节奏徐疾变化，奔放不随性。这首诗篇幅不长，但五音繁会，气象不凡，笔酣墨饱，情极悲愤而狂放，语极豪纵而又沉着，尤其是音韵、节奏随诗情起伏，缓急高低，曲折回环，奔腾向前。只有思随情转，音以律变，才能读此诗"于雄快之中"，从而"得其深远宕逸之神"（沈德潜《唐诗别裁集》）。

君不见/黄河/之水/天上来，奔流/到海/不复回。君不见/高堂/明镜/悲/白发，朝如/青丝/暮/成雪。人生/得意/须/尽欢，莫使/金樽/空/对月。天生/我材/必/有用，千金/散尽/还/复来。烹羊/宰牛/且/为乐，会须/一饮/三百杯。岑/夫子，丹丘生，将进酒，杯/莫停。与君/歌/一曲，请君/为我/倾/耳听。钟鼓/馔玉/不足贵，但愿/长醉/不/复醒。古来/圣贤/皆寂寞，惟有/饮者/留/其名。陈王/昔时/宴平乐，斗酒/十千/恣/欢谑。主人/何为/言少钱，径须/沽取/对/君酌。五/花马，千/金裘，呼儿/将出/换/美酒，与/尔/同销/万古愁。

（五）解释下列诗句中粗体词语

（1）高堂明镜悲白发（＿＿＿）　　（2）会须一饮三百杯（＿＿＿）

（3）钟鼓馔玉不足贵（＿＿＿）　　（4）斗酒十千恣欢谑（＿＿＿）

（5）径须沽取对君酌（＿＿＿）　　（6）与尔同销万古愁（＿＿＿）

（7）但愿长醉不复醒（＿＿＿）　　（8）主人何为言少钱（＿＿＿）

（六）名句赏析

（1）诗歌开头"君不见，黄河之水天上来，奔流到海不复回。君不见，高堂明镜悲白发，朝如青丝暮成雪"采用了古代民歌中的什么手法？抒发了李白怎样的感情？

_____

_____

_____

（2）"天生我材必有用，千金散尽还复来"，表达了李白怎样的思想感情？

_____

_____

_____

（3）"烹羊宰牛且为乐，会须一饮三百杯"，采用了什么修辞手法？请找出分析。

_____

_____

_____

（4）"钟鼓馔玉不足贵，但愿长醉不复醒"，从中看出诗人怎样的性格？

_____

_____

_____

（5）理解"古来圣贤皆寂寞，惟有饮者留其名。陈王昔时宴平乐，斗酒十千恣欢谑"中"圣贤"的含义，分析用典的作用。

_____

_____

（七）讨论探究

（1）面对时光流逝，作者首先想到什么？

_____

_____

（2）李白因何要如此纵情于酒？透过这些"劝酒词"你读到了李白什么样的情感？请结合诗中诗句分析李白思想感情上的起伏变化。

_____

_____

（3）全诗围绕一个"酒"字，而情感又都是基于一个"愁"字，作者因何而愁？此"愁"的实质是什么？

_____

_____

（4）你认为《将进酒》这首诗的主旨句是哪一句？表达了诗人怎样的情感？

_____

_____

（5）如何看待李白嗜酒如命的放浪行为？请你说几句话安慰安慰他。

_____

_____

（八）小结

（1）人物形象：＿＿＿＿＿＿＿＿＿＿＿＿＿＿＿＿＿＿＿＿＿＿

（2）语言：＿＿＿＿＿＿＿＿＿＿＿＿＿＿＿＿＿＿＿＿＿＿＿＿＿＿

（3）艺术手法：＿＿＿＿＿＿＿＿＿＿＿＿＿＿＿＿＿＿＿＿＿＿＿＿

＿＿＿＿＿＿＿＿＿＿＿＿＿＿＿＿＿＿＿＿＿＿＿＿＿＿＿＿＿＿＿＿＿＿

＿＿＿＿＿＿＿＿＿＿＿＿＿＿＿＿＿＿＿＿＿＿＿＿＿＿＿＿＿＿＿＿＿＿

（4）情感：

＿＿＿＿＿＿＿＿＿＿＿＿＿＿＿＿＿＿＿＿＿＿＿＿＿＿＿＿＿＿＿＿＿＿

＿＿＿＿＿＿＿＿＿＿＿＿＿＿＿＿＿＿＿＿＿＿＿＿＿＿＿＿＿＿＿＿＿＿

＿＿＿＿＿＿＿＿＿＿＿＿＿＿＿＿＿＿＿＿＿＿＿＿＿＿＿＿＿＿＿＿＿＿

（九）课后作业

阅读《行路难》，完成下面题目。

金樽清酒斗十千，玉盘珍羞直万钱。停杯投箸不能食，拔剑四顾心茫然。欲渡黄河冰塞川，将登太行雪满山。闲来垂钓碧溪上，忽复乘舟梦日边。行路难，行路难，多歧路，今安在？长风破浪会有时，直挂云帆济沧海。

（1）开头两句怎样写盛宴？其作用是什么？

答：＿＿＿＿＿＿＿＿＿＿＿＿＿＿＿＿＿＿＿＿＿＿＿＿＿＿＿＿＿＿

＿＿＿＿＿＿＿＿＿＿＿＿＿＿＿＿＿＿＿＿＿＿＿＿＿＿＿＿＿＿＿＿＿＿

（2）"停杯"句表达了诗人怎样的思想感情？

答：＿＿＿＿＿＿＿＿＿＿＿＿＿＿＿＿＿＿＿＿＿＿＿＿＿＿＿＿＿＿

＿＿＿＿＿＿＿＿＿＿＿＿＿＿＿＿＿＿＿＿＿＿＿＿＿＿＿＿＿＿＿＿＿＿

（3）"渡河""登山"的描写象征什么？

答：＿＿＿＿＿＿＿＿＿＿＿＿＿＿＿＿＿＿＿＿＿＿＿＿＿＿＿＿＿＿

＿＿＿＿＿＿＿＿＿＿＿＿＿＿＿＿＿＿＿＿＿＿＿＿＿＿＿＿＿＿＿＿＿＿

（4）诗中典故的含义各是什么？用典达到怎样的效果？

答：＿＿＿＿＿＿＿＿＿＿＿＿＿＿＿＿＿＿＿＿＿＿＿＿＿＿＿＿＿＿

＿＿＿＿＿＿＿＿＿＿＿＿＿＿＿＿＿＿＿＿＿＿＿＿＿＿＿＿＿＿＿＿＿＿

高二生物"一纸通"学案

编辑者：黎美娟 审编者：李燕珊

班别：_____ 姓名：_____ 小组：_____ 使用时间：_____

课题：第3章 第2节 生长素的生理作用

编写者：陈萍萍

一、本课时目标要求

（1）概述植物生长素的生理作用，通过实例理解生长素作用的两重性。

（2）了解生长素及类似物在农业生产上的应用。

（3）尝试设计实验探索生长素类似物促进生根的最适宜浓度。

二、知识点梳理（课前完成）

（一）生长素的生理作用

认真阅读课本P50，完成以下内容。

1.作用形式

生长素_____（填直接或不直接）参与细胞代谢，给细胞传达一种_____的信息。

2.作用特点

生长素的生理作用表现出_____

既能_____生长，也能_____生长；

既能_____发芽，也能_____发芽；

既能_____落花落果，也能_____。

3.生长素所发挥的作用

因_____、_____、_____不同而有较大的差异。

（1）一般情况下，生长素在浓度较低时会_____生长；浓度过高时会_____生长，甚至_____。

（2）幼嫩的细胞对生长素_____，老细胞则比较_____。

（3）不同器官对生长素的反应敏感程度不同。根、芽、茎敏感程度为_____。

（二）生长素生理作用两重性的实例

1.顶端优势

认真阅读课本P50，完成以下内容。

（1）概念：优先生长，生长受抑制的现象。

（2）形成原因：填图2-1-1空。

（3）解除方法：（果树、棉花等的剪枝、摘心）

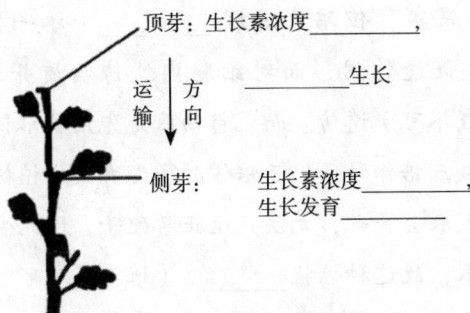

顶芽：生长素浓度_____，

运输 方向 _____生长

侧芽：生长素浓度_____，
生长发育_____

图2-1-1 顶端优势

2.植物根的向地性

如图2-1-2所示，详见课堂探究。

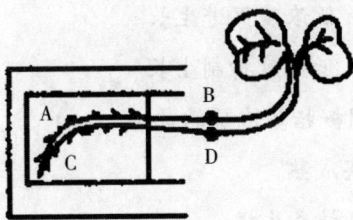

图2-1-2 植物根的向地性

（三）生长素类似物及其应用（认真阅读课本P51，完成以下内容）

1.概念

它是_____的化学物质，具有与生长素相似的生理效应，

如_____等。

2.生长素类似物的应用

（1）防止_____的脱落。

（2）促进_____（促进果实发育）。

（3）获得_____果实（如无子番茄）。

（4）促进扦插的枝条_____。

拓展：无子番茄是如何培育的？与培育无子西瓜的原理相同吗？（参考三维设计）

无子番茄：在没有受粉的雌蕊的柱头上涂抹一定浓度的生长素类似物，子房就能发育成果实。由于雌蕊没有受粉，胚珠不能发育，这样产生的果实就是无子果实。

两者都是无子果实，但培育原理_____（填一样或不一样）。无子番茄是生长素起促进作用，而对细胞内遗传物质并无影响，故这种性状_____（填可或不可）遗传。而无籽西瓜是先用秋水仙素培育出四倍体，再和二倍体杂交生成三倍体种子，三倍体种子发育成的植株在减数分裂时由于染色体是奇数，导致联会紊乱，无法产生正常配子，因此受精后就无法生成种子，这便是无籽西瓜，故这种性状_____（填可或不可）遗传。

三、自测题（完成知识点梳理后进行自我检测）

1. 生长素对植物生长的作用，一般地说（　　　）。

A. 高浓度和低浓度都促进生长

B. 高浓度和低浓度都抑制生长

C. 高浓度抑制生长，低浓度促进生长

D. 高浓度促进生长，低浓度抑制生长

2. 对生长素生理作用概括不准确的是（　　　）。

A. 生长素能促进果实成熟

B. 生长素能促进扦插枝条生根

C. 生长素能促进果实发育

D. 生长素能促进植物生长

3. 棉花长到一定的高度后，摘去顶芽，侧芽就发育成枝条。这说明（　　　）。

A. 顶芽产生的生长素运向侧芽

B. 原顶芽不再向侧芽运送过量生长素

C. 顶芽摘除后，侧芽开始分泌生长素

D. 顶芽摘除后，侧芽大量分泌生长素

4.下列关于植物生长素作用及其应用的叙述中,不正确的是( )。

A.可利用生长素类似物防止落花落果

B.顶端优势能够说明生长素作用的两重性

C.适宜茎生长的一定浓度的生长素往往抑制根的生长

D.成熟细胞比幼嫩细胞对生长素更为敏感

5.温室栽培的茄果类蔬菜,因花粉发育不良,影响传粉受精,如果要保证产量,可采用的补救方法是( )。

A.喷洒氮肥 B.提高CO_2浓度

C.喷洒磷肥 D.喷洒生长素类似物

6.植物扦插繁殖时,需要对插枝进行去除成熟叶片、保留芽和幼叶等处理,这样可以促进插枝成活。其原因是( )。

①芽和幼叶生长迅速,容易成活

②芽和幼叶储存较多的营养物质

③芽和幼叶能产生生长素,促进生根

④去除成熟叶片可降低蒸腾作用

A.①② B.①④ C.②③ D.③④

四、课堂探究:请讨论后填写相应的内容

探究一:生长素的生理作用

1.图2-1-3是科学家研究不同浓度生长素对植物不同器官的作用后得到的结果。

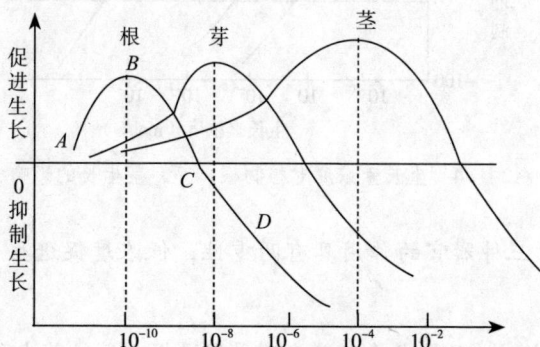

图2-1-3 不同浓度生产素对植物不同器官的作用

25

讨论：

（1）对于根来说，生长素的作用与浓度有什么关系？

曲线AB段表示：随着生长素浓度的升高，生长素对根的促进作用_____；

B点表示生长素促进根生长的_____浓度；

曲线BC表示：随着生长素浓度的升高，生长素对根的促进作用_____；

C点表示的生长素浓度对生长的效应_____；

超过C点，生长素对根的作用转为_____，而且浓度越高，这种作用_____。

（2）对于不同的器官来说，生长素促进生长的最适宜浓度相同吗？

根最适宜浓度约为_____mol/L；芽最适宜浓度约为_____mol/L；

茎最适宜浓度约为_____mol/L。

不同器官对生长素的敏感程度比较：_____＞_____＞_____。

思考题1：图2-1-4表示生长素浓度对植物根、芽和茎生长的影响，与此图无关的结论是（　　）。

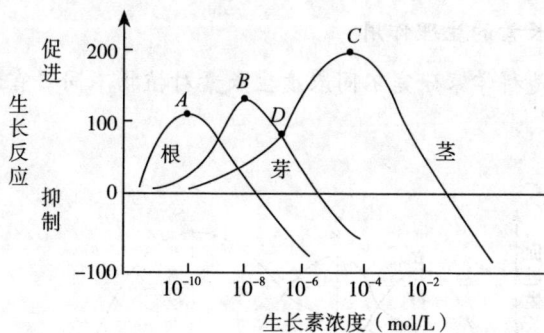

图2-1-4　生长素浓度对植物根、芽、茎生长的影响

A. 生长素对三种器官的作用具有两重性，低浓度促进生长，高浓度抑制生长

B. A、B、C点对应的生长素浓度分别是促进根、芽、茎生长的最适宜浓度

C. D点对应的生长素浓度对茎和芽都有促进作用

D. 幼嫩的细胞对生长素反应灵敏，成熟的细胞对生长素反应不灵敏

2. 根的向地性及茎的背地性

如果把一株植物幼苗水平放置，一段时间后，这株幼苗的根和茎表现如图2-1-5所示生长。

（1）由于重力对生长素分布的影响，A处生长素浓度_____B处，C处_____D处。（填"高于、低于或等于"）

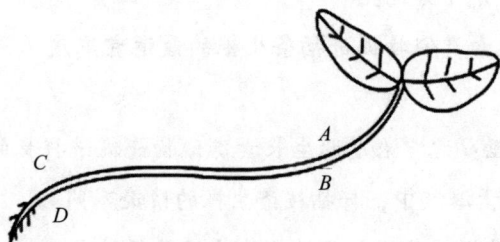

图2-1-5　根茎生长

（2）分析A、B、C、D四处生长素的作用

A._____；B._____；C._____；D._____（填促进或抑制）。

（3）综上所述，出现根向地生长的原因是什么？

_____

_____

茎背地生长的原因是什么？

_____

_____

（提示：考虑根和茎对生长素的敏感性不同。）

思考题2：将一株生长着的豌豆幼苗水平放置，经过一段时间，根能向地生长，茎能背地生长，发生这种现象的原因是（　　　）。

① 重力影响使生长素分布不均

② 根近地一侧生长素的分布比背地一侧多

③ 根比茎对生长素反应灵敏

④ 茎比根对生长素反应灵敏

⑤ 根近地一侧生长快

⑥ 茎近地一侧生长快

A.①②③⑤　　　B.①②③⑥　　　C.①②④⑥　　　D.①④⑤⑥

思考题3：飞行于太空中的宇宙飞船里，放置一株水平方向的幼苗，培养若干天后，根和茎生长的方向是（　　　）。

A.根向下生长，茎向上生长

B.根向下生长，茎向下生长

C.根水平方向生长，茎向上生长

D.根和茎都向水平方向生长

探究二：生长素类似物促进插条生根的最适宜浓度（阅读课本P5～52，完成如下问题）

（1）实验原理：适宜浓度的生长素类似物能促进扦插的枝条_____。在不同浓度的生长素溶液中，扦插枝条生根的情况不同。

（2）生长素类似物处理插条的方法比较简便的是_____法（适用于溶液浓度较低）和_____法（适用于溶液浓度较高）。

（3）此实验之前，为什么要先做一个预实验？

_____

（4）假定生长素类似物促进插条生根的最适宜浓度在_____。

实验步骤：

① 配制一系列浓度梯度的生长素类似物溶液：10^{-4} mol/L、_____、10^{-8}mol/L、10^{-10}mol/L、10^{-12}mol/L。

② 制作插条：将准备好的枝条剪成长 5～7cm 的插条，插条的形态学上端为平面，下端要削成斜面，这样在扦插后可增加_____，促进成活；每一枝条留3~4个芽，所选枝条的条件应_____。

③ 分组处理：将制作好的插条，分成_____组（每组不少于3个枝条），分别将其基部浸泡在盛有_____和浓度为10^{-4}mol/L、10^{-6}mol/L、10^{-8}mol/L、10^{-10}mol/L、10^{-12}mol/L生长素类似物溶液的矿泉水瓶中，浸泡几小时至一天。

进行促生根培养实验：设置_____个相同的水培装置，加入_____的完全营养液（含植物生长所需的必需矿质元素），在_____的外界条件下，分别培养经不同浓度生长素类似物及清水处理过的插条，注意保持温度为25-30℃

④ 观察记录每组插条的_____，并计算_____（每天观察一次，连

续观察3天）。

（5）变量分析：

自变量：_____。

因变量：_____。

无关变量：_____。

（6）在实验中，若两种浓度的生长素类似物促进插条生根效果基本相同，请分析原因。如何进一步确定最适浓度？

思考题4：某同学设计一实验，观察不同浓度的生长素类似物——萘乙酸对插条生根的影响。下列有关他的设计和分析不正确的是（　　）。

A. 研究课题是不同浓度的萘乙酸对植物插条生根的影响

B. 配制浓度分别为0.2mg/mL、0.4mg/mL、0.6mg/mL、0.8mg/mL、1mg/mL的萘乙酸溶液

C. 实验中不同浓度的萘乙酸溶液浸泡不同插条的时间长短存在一定的梯度

D. 本实验属于对照实验

五、课后练习

1. 下列关于顶端优势的叙述中错误的是（　　）。

A. 切除顶芽，切口涂以高浓度生长素，侧芽生长被抑制

B. 除去顶芽，侧芽生长被抑制

C. 顶芽优先生长时，侧芽生长受到抑制

D. 顶芽被切除，促进侧芽生长

2. 植物生长素具有低浓度时促进生长，高浓度时抑制生长的特性。下列不能说明生长素的作用具有两重性的是（　　）。

A. 在自然状态下，大型乔木的树冠多呈圆锥形

B. 被大风刮倒的树木，其露出地面的根总是向地生长

C. 置于窗台上的盆栽植物总是朝向窗外生长

D. 生长素在浓度较低时会促进双子叶杂草的生长，浓度过高则会杀死双子叶杂草

3. 要得到番茄无籽果实，须将一定浓度的生长素溶液涂抹在该花的柱头上。处理该花的时期和条件是（　　）。

A. 花蕾期，不去雄蕊　　　　　　　　B. 花蕾期，去掉雄蕊

C. 开花后，不去雄蕊 　　　　　　D. 开花后，去掉雄蕊

4. 如图2-1-6所示，若茎的a侧生长素浓度在曲线B点以下的浓度范围内，下列对b侧生长素浓度范围的描述较为准确的一项是（　　　）。

A. 在OA段范围内 　　　　　　B. 在BC段范围内

C. 在BD段范围内 　　　　　　D. 在BA段范围内

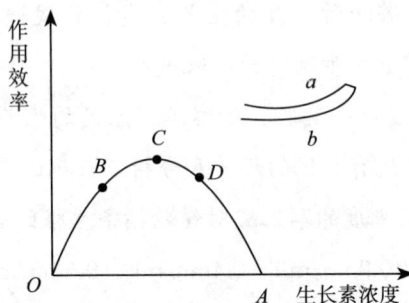

图2-1-6　生长素浓度曲线

5. 将植物横放，测量根和茎生长素浓度与其生长状况的关系［见图2-1-7（1）］，则曲线上P点最可能对应于图2-1-7（2）中的位置是（　　　）。

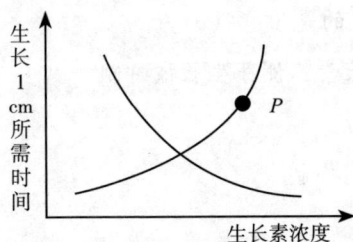 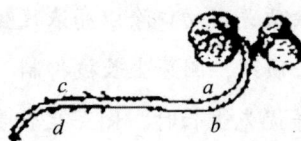

（1）　　　　　　　　　　（2）

图2-1-7　生长素浓度与生长状况关系

A. a 　　　　B. b 　　　　C. c 　　　　D. d

6. 在农业生产中，单子叶作物的农田中常会生长一些双子叶杂草，它们会影响农作物的生长，使粮食减产。在实际生产中，农户常用一定浓度的生长素类似物除去与单子叶农作物混生的双子叶杂草。图2-1-8表示不同浓度的生长素类似物对单子叶植物和双子叶植物的影响，请据图分析回答：

（1）生长素类似物作为除草剂的原理是：生长素对植物生长的作用具有_____，即_____（填"高"或"低"）浓度促进生长，_____浓度抑制生长。

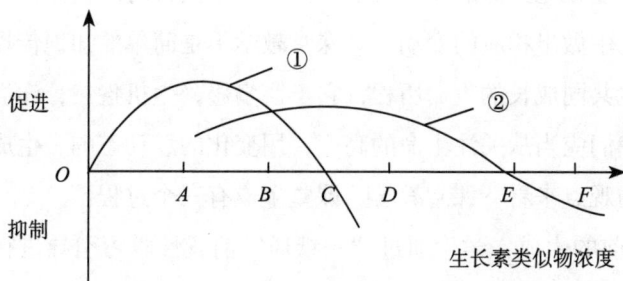

图2-1-8　不同浓度生产素对单/双子叶植物的影响

（2）图中代表单子叶农作物的曲线是_____（填序号）。

（3）所用生长素类似物的浓度最好在图中_____左右（用字母表示）。

（4）当生长素类似物的浓度在BC段时，其对曲线①所代表植物的作用是_____。

第二节　从生动课堂到生动教育

　　经过几年生动课堂的实践，生动课堂的理念清晰，做法日益完善，模式渐趋成熟。我们对生动课堂的理解也进一步加深。"没有学生的主动参与，就没有成功的课堂教学"。1972年联合国教科文组织发表的《学会生存——教育世界的今天和明天》报告中说："未来的学校，必须把教育的对象变成自己教育自己的主体，受教育的人必须成为教育他自己的人，别人的教育必须成为这个人自己的教育。这种个人同他自己的关系的根本变化，是今后几十年内科学与技术革命中教育所面临的最困难的一个问题。"报告首次提出，学生既是受教育者，又是自我教育者；既是客体，又是主体。生动的"生"，首先是以生为本，教学的对象是学生，必须尊重学生，尊重生命，尊重学生成长规律和学习规律。其次，是生成，注重教学中的动态生成。苏霍姆林斯基说："教育的技巧并不在于能预见到课的所有细节，而在于根据当时的具体情况，巧妙地在学生不知不觉中做出相应的变动。"课堂教学不是简单的知识传授与接收的过程，而是师生共同成长的生命历程，它丰富多彩，生机盎然，洋溢着生命的光华与热情。我们应当从关注生命的高度，用变化的、动态的、生成的，而非静止的、僵化的观点来看待课堂教学。课堂生成有三个过程：

（1）课前的生成：学生通过"一纸通"前置性学习引导进行先学，在先学中生成自己的学习收获和困惑。

（2）课中的生成：课堂上，学生带着新学的收获和困惑，通过小组交流、全班汇报，教师点拨等形式，形成交流、碰撞、生成的效果。

（3）课后的生成：学生通过课堂小结进行知识整理、归纳和提升，总结习惯、能力等方面的收获，并学会反思，将一节课的终点变成下一节课的起点。同时，知识也具有生成性，更多地还原知识的形成过程，有利于学生的思考与探索。

"动"的第一层意思是让学生在课堂上能够"动"起来。情绪涌动，语言灵动，交流潺动。如语文课通过"读读、议议、练练、讲讲"，充分调动学生的各种感官进行学习体验，增强学习效果。"动"的第二层意思是课堂灵动有趣，生动活泼，老师讲得生动，授课内容有趣，形式活泼，课堂气氛活跃，师生充满激情，形成合作、和谐的课堂生态。"生动课堂"的内涵——互动、动态、行动。互动——独立学习，个人建构；合作学习，社会建构；合作竞争，促进学习。动态——前置学习，独立学习；核心内容，深度学习；学科不同，课型各异。行动——学习实践，参与互动；合作协同，深度理解；丰富变化，动静相宜。

在生动课堂的实践过程中，我们逐渐领悟到，生本的理论等在学校的教育教学中都要具有指导的作用，正如当代著名教育家叶澜教授提出，教育是直面人的生命、通过人的生命、为了人的生命质量的提高而进行的社会活动，是以人为本的社会中最能体现生命关怀的一种事业。因此，我们把生动课堂的理念和做法推广到学校的各个领域和环节，提出生动教育概念，作为学校高品质发展的道路进行探索，并作为学校的办学特色和品牌。生动教育包含"生动管理""生动德育""生动教学""生动课程"等方面，涵盖学校的各个方面。学校在统一的理论基础指导下开展实践，坚持以生为基础，以动为手段和过程，以培养学生核心素养为目标，增强学生的核心竞争力和综合素质。

在理论渊源上，我们以华南师范大学郭思乐教授的"生本教育理论"和杜威的"儿童中心论"为基础，以落实立德树人根本任务为出发点，以贯彻落实中国教育中长期规划和培养中国学生核心素养为目标，结合学校的办学历史和特色，探索出两阳中学品牌建设的新路。其实践体系如下：

办学理念：德为先，生为本，师为重。

根本目标：立德树人。

校训：爱国、好学、律己、为善。

培养目标：具有中华传统美德和国际视野的合格公民。

主要内容：生动管理、生动德育、生动课堂、生动课程。

下 篇

生动教育实践

第三章

生动课堂的实践

　　我校致力于打造的生动教育，其基本内涵包括两大方面：一是让学生"动起来"，调动学生积极性，让学生主动参与学习，亲身体验、亲自实践；二是教育内容生动活泼，形式多样，是一个动态过程。近年来，我校通过广东省教育科研"十三五"规划课题——"三环六步"高效课堂实践研究（课题批准号：2017YQJK198）的开展，推动本校生动课堂的探索与实践，取得了丰硕的成果与宝贵的经验。

第一节 生动课堂的提出

一、活动理论：生动课堂的基础

如果没有课堂教学，学习也照常会发生。因为学习是一个自然的过程，学习的结果会使我们所知道的与所能够做到的以及我们的行为发生一系列的变化。但是，课堂教学的最终目的是课堂帮助学生学习，或者更确切地说是有效地促进有目地学习，只有这样，才能使得更多在没有课堂教学的情况下可能需要更长时间才能掌握的事情能够被更快、更好地掌握。课堂教学必须有明确的学习目标，课堂教学也必须围绕学习目标展开。因此，课堂教学也可以表述为，贯穿于有目的的活动中的促进学习的一系列事件。现代教学设计通过引入活动理论来将课堂教学的各要素进行整合，以便更好地促进学习目标的达成。

活动理论是由苏联心理学家维果斯基的文化—历史心理学理论发展而来的，在20世纪40年代被列昂捷夫进一步发展成为活动理论。活动理论的哲学基础是马克思、恩格斯的辩证唯物主义哲学，其基本思想是，人类活动是人与形成社会和物理环境的事物以及社会和物理环境所造就的事物之间的双向交互的过程。

活动是活动理论分析的基本单位。活动系统由三个核心成分——主体、客体和群体，以及三个次成分——工具、规则和劳动分工组成。活动理论认为，人类的任何活动都是指向客体的，并且人类的活动是通过工具作为媒介来完成的。从活动的角度看，课堂教学由一系列学习活动组成，规则与分工涉及最基本的师生交往关系的确立——学习活动的设计与学习的开展。一个具体的学习活动过程可以被分解为一系列具体的操作方法，由此可见，课堂教学是一个师生之间有组织的共同活动的序列集合。

活动理论认为，学习是作为活动的结果而发生的。所有的活动都是有目的的，通过参与活动，学习才得以发生。或者可以这样认为，在真实的活动中，学习能最佳地发生。学习是一个传递某一文化的知识与习俗的过程。学习活动理论的基本原理对于课堂教学的设计者——教师来说，在选择学习结果、设计学习活动的时候，显得十分重要。

心理学认为，学习是一个引起学习者的倾向与性能发生变化的过程，而这一变化可以反映在行为上。以活动理论为基础，将学习目标、活动任务、交互过程（包括教学方法与学习方式）、学习成果、学习工具、学习资源（包括信息组织形式与媒体形态）、活动规则整合成为学习活动设计的整体，是打造生动课堂的理论指导。

二、教学观念：生动课堂的理念

课堂教学由教师、学生、教学内容等要素组成。教学内容其实就是我们通常所说的知识。生动课堂的打造需要教师具备正确的知识观、学习观、学生观与教学观。

1. 知识观

知识观是指如何理解知识，对知识抱有怎样的态度。因此对知识的态度影响着教学过程。古往今来，人们不断地探讨知识的本质以及知识的作用，这主要是因为人类历史的进步和发展离不开知识的积累和创新。随之而来的问题便是如何认识知识。

《现代汉语词典》对知识的解释："知识是人们在改造世界的实践中所获得的认识和经验的总结。"实际上，关于知识的定义，通常有哲学与心理学两大方面的理解。

知识的哲学理解缘于知识是哲学认识论研究的对象。例如，"对事物属性与联系的认识，表现为对事物的知觉、表象、概念、法则等心理形式。"这是我国教育类辞书中普遍采用的知识定义。另有，"所谓知识，就它反映的内容而言，是客观事物的属性和联系的反映，是客观世界在人脑中的主观映象"。依据活动形式的不同，可以分为感性知识——表现为主体对事物的感性知觉或表象；理性知识——表现为关于事物的概念或规律。知识的哲学角度定义，强调知识是客观世界的主观反映。

心理学认为知识是个体头脑中的一种内部状态。当代著名的认知心理学家让·皮亚杰认为，知识是主体和环境或思维与客体相互交换而引起的知觉建构，知识不是客体的副本，也不是由主体决定的先验意识。总体而言，知识有广义和狭义之分。广义的知识是指个体通过与其环境相互作用而获得的信息及对其的组织，包括描述世界是什么的陈述性知识和关于如何做的程序性知识。美国心理学家马克思·弗雷德里克·梅耶将陈述性知识称为语义知识，将程序性知识分为用于具体情境的"程序性知识"和有关学习、记忆、解决问题的一般方法的条件性知识。洛林·安德森等人修订《布卢姆教育目标分类学》，将知识分为事情性知识、概念性知识、程序性知识与元认知知识四大维度。

狭义的知识仅指陈述性知识。我国教育界长期流行的对知识的看法主要来自哲学，其含义相当于陈述性知识。美国教学设计专家加涅为简化教学计划的制订，将学习结果分为五类，其中的言语信息就是我们通常所说的一种能够"陈述"的知识。通过课堂教学，我们习得了大量的言语信息或言语知识，也可以轻易地从我们的记忆中回忆出许多经常使用的信息项目。加涅认为，陈述性知识的学习虽然只是较低水平的学习，但是从记忆中回忆出这些事实的能力却有助于高级智慧技能的学习。

由于学校课堂的学习方式与知识生产和实践场景的学习存在很大的差异，这就容易造成学校课堂学习中知识意义的缺失。因此，基于学习活动设计的视角，我们不能将知识简单地看作是意义，并将这种意义清晰地表达和传递给学习者，而学习者只需死记硬背知识的含义即可。因为知识意义的发现和传递需要特定的过程，而不同的过程隐含着不同的价值。知识是人类认识世界的结果，是人类理解世界的一种方式。学习活动的设计需要有特定的过程，需要在传递知识的同时充分发掘隐藏在知识背后的价值。知识是意义、过程和价值的综合体。任何的知识教学都必须基于知识意义而高于知识意义。

2. 学习观

纵观心理学发展的历史，关于学习的心理解释经历了从行为主义到认知主义再到建构主义的历程。

由于持行为主义观点的心理学更加注重强调行为的外在表现，拒绝研究人脑中的内部状态——知识，自然不会研究知识，而仅从动物学习的实验出发推断人类学习的机理，只是将学习看作某种行为的习得过程。认知主义心理学也称信息加工心理学，主要是从信息加工的角度来研究人的注意、知觉、记忆、推理、问题解决、言语等认知活动的规律，将学习看作信息加工的过程，加工的结果是对客观知识的记忆。建构主义在一定程度上对知识的客观性和确定性提出了质疑，强调知识的动态性。建构主义强调：知识并不是对现实的准确表征，它只是一种解释、一种假设，并不是最终答案；知识并不能精确地概括世界的法则，需要针对具体情境对知识进行再创造。因而学习不能满足于教条式的知识掌握，而是需要不断深化，把握知识在具体情境中的灵活变化。建构主义认为，学习不是从外界吸收知识的过程，而是一种意义上主动建构过程，是一种学习者根据自身已有的知识对外部事物和现象构建解释的过程。显然，这个过程不同于认知主义的信息复制过程，而是构建信息意义上的过程。换言之，在课堂教学中，每个学生都在以自己原有知识、经验为基础建构自己的理解。

建构主义的学习和教学要求学生通过高水平的思维活动来学习，通过问题解决来学习。学习过程中的核心认知活动是高水平思维。高水平思维活动是需要学习者付出较高的认知努力的思维活动，它需要学习者对知识进行分析、综合、评价和灵活应用，解决具有一定复杂性和不确定性的问题。解决问题的方案常常是多元化的，评价解决方案的标准常常也是多元的。

传统教学观念对学习基本持"去情境"的观点，认为概括化的知识是学习的核心内容，这些知识可以从具体情境中抽象出来，让学生脱离具体物理情境和社会实践情境进行学习，而所习得的概括化知识可以自然地迁移到各种具体情境中。建构主义提出了情境性认知的观点，强调学习、知识和智慧的情境性，认为知识是不可能脱离活动情境而抽象地存在的，学习应该与情境化的社会实践活动结合起来。知识是生存在具体的、情境性的、可感知的活动之中的。知识不是一套独立于情境的知识符号，它只有通过实际活动才能真正被人所理解。

传统教学观点通常把学习看作每位学生单独在头脑中进行的活动，容易忽视学习活动的社会情境，或者至多是将它看作一种背景，而不是实际学习过程的一部分。建构主义强调，学习是通过对某种社会文化的参与而内化相关知识与技能、掌握有关的工具的过程，这一过程常常需要通过一个学习共同体的合作互动来完成。学习共同体是由学习者及教师、专家、辅导者等共同构成的团体，他们彼此之间经常在学习过程中进行沟通交流，分享各种学习资源，共同完成一定的学习任务，因而在成员之间形成了相互影响、相互促进的人际关系。

3. 学生观

在学生观上，建构主义强调学生经验世界的丰富性和差异性。学生在日常生活和以往的学习中形成了丰富的经验和知识，因而他们不是空着脑袋走进教室的，他们对于万千世界都有一些自己的看法。这就使得即使有些问题没有接触过，没有相关的知识和经验，当问题呈现在面前时，他们往往也可以基于自身具有的知识和经验，依靠自己的推理判断能力，形成对问题的某种解释。课堂教学不能漠视学生已经存在的经验世界，而去给他们像往瓶子里灌水一样装入新的知识，需要在他们已有的经验世界中找到新知识的生长点。

同时，人的本质在未来，而不在过去。学生是发展中的人，并且处于发展之中，他们处于由不成熟走向成熟的过程当中。课堂教学不能假定学生是一个纯理性的人。我们要用发展的、动态的观点去看待学生，更要用积极的心态去看待学生。

4. 教学观

当代的建构主义对学习和教学做了新的解释，强调知识的动态性，强调学生经验世界的丰富和差异性。由于经验背景的差异，不同的学生对问题的理解也不尽相同。他们可以在一个学习共同体之中相互沟通、相互合作，对问题形成更丰富的、多角度的理解。学生经验世界的差异本身就是一种宝贵的学习资源。教学是一种促使学生从他主、他导、他律向自主、自导、自律转变的过程。教学过程中教师要善于利用这种学习资源来促进学生的学习转变。

根据建构主义心理学，在人类的教育教学情境下，所有的理解都必然是在特定的传递条件下生成的。因此，教学的结果与目标会出现并不完全一致的情况，即教学并非是一种确定性的过程。但教学就是当下的生活，这是毋庸置疑的。教学要取材于学生的生活，并要高于学生的生活。教学的目的是传承高于生活的知识。因此，教师要适当走进学生当下的生活，这样才能将抽象的知识与学生当下的生活建立起具体的、生动活泼的联系，同时还要关注学生的兴趣。教学可以借助学生的兴趣，当然更重要的是促使学生产生新的兴趣。兴趣的巩固和新兴趣的产生，主要依赖学生自身的条件，这反映兴趣是学生自身的倾向性选择，是内在的。

马克思主义哲学理论认为，人的全面发展是指个人全面占有自己的本质。教学要促进学生的全面发展。但这并不意味着全面发展教育就是培养完人的教育。

三、内容模式：生动课堂的方向

从教学实践来看，生动课堂呈现出以内容和模式为主旨的两大发展方向，分别形成"以内容生动"为导向的生动课堂，以"课堂模式"为导向的生动课堂。

1. 以"内容生动"为导向

不同的学科在致力于打造生动课堂时，无一不采用让教学内容变得生动，再设计生动活泼的课堂教学活动的思路。

案例

运用电影素材提升地理课堂的生动性
——以"撒哈拉以南的非洲"教学设计为例

【教学内容】

本节内容选自人教版《地理》教材七年级下册第八单元第三节"撒哈拉以南的非洲"。本节的课程标准要求：在地图上找出该地区的位置、范围、主要国家及其首都，看图说出该地区地理位置的特点；运用图表说出该地区气候的特点以及气候对当地农业生产和生活的影响；运用地图和其他资料，指出该地区对当地或世界经济发展影响较大的一种或几种自然资源，并说出其分布、生产、出口等情况；运用资料描述该地区富有特色的文化习俗。

【学情分析】

1. 认知起点

七年级学生的思维以具体形象思维为主，仍属于经验型。

2. 学习兴趣

该阶段学生好奇心强，容易接受新鲜事物，撒哈拉以南的非洲古老又神秘，易激发学生的探索欲，调动课堂气氛。

3. 学习障碍

七年级学生学习地理的时间不长，生活经验较少，虽然掌握了一定的学习方法，但仍须进一步培养其看图分析能力、提取地理信息的能力和小组合作探究意识。

【设计思想】

本节课的知识点较多，较零散，教师从学生喜爱的迪士尼电影动画《马达加斯加2：逃往非洲》入手，以剪辑的电影片段作为贯穿整个课堂教学的线索，使整个教学过程逻辑清晰。结合初中生的心理发展水平，利用视频和图片增强教学的直观性。通过创设生动活泼的故事情境，激发学生的学习兴趣，增强地理课堂的趣味性。设计探究活动，引导学生通过观察、讨论、分析等方式，分析资料、提取信息，获得解决问题的方法。在教学过程中采取情境教学法、小组合作法、探究式教学法、讨论法等教学方法。

以"内容生动"为导向的生动课堂的核心是选取合适的教学内容，并设计相关教学活动。由于具体学科存在差异，具体操作方法亦有不同。最为重要的是，基于"内容生动"的生动课堂只有个案的呈现，大都属于经验总结，难以进一步提升，更不用说推广应用。由此，以"课堂模式"为导向的生动课堂应运而生。

2. 以"课堂模式"为导向

课堂教学作为教育改革的实践环节，是基础课程教育改革的最终落脚点。学校与课堂历来都是教育改革是否最终实现的关键点。通常，一个教育理论或教育模式的价值也需要在学校和课堂层面上进行检验。因此，课堂变革是教育改革无法回避的话题。多少年来人们在不断地探索课堂教学改革的模式与方法，不同类型的课堂教学改革实践为推进教育改革做出了贡献。教学实践表明，基础教育课程改革一直体现为对教学时空的变革，涌现出许多典型的模式，如山东省杜郎口中学、江苏省洋思中学的教学时空模式等。目前，在具体学科层面也有类似现象，如"3545"地理高效课堂教学模式。以某一种具体的教学方式为突破口、为载体，探讨构建高效课堂的途径，这样的课堂改革既可以从教育学和心理学的理论中找到依据，也对课堂教学具有很好的指导作用。以问题解决为核心的问题课堂模式，更能促进学生的课堂参与行为和思维。

通过教学实践我们探索与打造了基于"课堂模式"的生动课堂，总揽教学方法的选择、教师教与学生学的情绪、知识的呈现方式各个方面。随着我国经济社会的不断发展，人们对学校教育的需求逐渐由专注升学转向学生的全面发展，基于"课堂模式"的生动课堂需要与学校的具体实际情况相结合，才能更好地落实立德树人的根本任务。

第二节 "三环六步" 高效课堂教学模式

阳江市是地处粤西的经济欠发达、文化较落后的地级市，由三县三区构成。广东两阳中学是一所具有100多年历史的粤西名校，曾经有过辉煌的办学历史。但是由于历史原因，生源主要是来自其中的三个区的学习基础较差的学生，学习基础中等以上的学生已经被阳江一中招去，尤其在阳江一中扩招的情况下，我校的生源素质越来越差。学生基础非常薄弱，学习主动性与自觉性差，而课堂教学模式还是几十年不变。备课组活动基本上只是落实在计划上的形式，同时还存在同年级同学科的教学进度不一样，同一备课组教师对同一课堂教学内容的重点、难点把握不尽一致的现象。学生成绩两极分化现象严重，有些教师的课堂上还出现"台上老师讲得精彩，台下学生无精打采；台上老师口若悬河，台下学生睡倒一片"的现象。因此，统考和高考成绩都不尽人意。总之，追求高效课堂的教学改革势在必行。

一、学校发展背景

结合我校的实际校情，为了提高课堂效率，让课堂生动起来，达到课堂目标一致、进度一致、内容一致、行动一致，我校自2013年开展了"一纸通"课堂改革，以类似导学案的教案式教学改革引领课堂改革，取得了较好的教学效果。

在此基础上，我校自2015年9月在高一、高二年级开展了"三环六步"高效课堂教学模式实践改革，落实新课程核心理念，真正体现学生的主体地位。"三环六步"教学模式可以培养学生的表达能力、沟通能力、思维能力、合作能力等。经过一年的教学实践，取得初步成效，教师对"三环六步"高效课堂教学模式的认可度逐渐提高。

与过去的教学模式相比较，"三环六步"教学模式最大的特色是在吸取其他教学模式优势的基础上，根据我校的实际情况，以自己本校教师编制的"一纸通"为载体，以"小组合作"为方法，生生、师生合作完成教学任务。不仅关注学生的考试分数，同时也注重培养学生的创新精神和实践能力。"一纸通"课堂教学改革已经进行了一年多，经过探索、研究、实验，教师都形成了一套规范的课堂教学操作程序，为"三环六步"高效课堂教学模式实践的可行性提供了保障。

二、相关概念

1. 教学模式

丁证霖与赵中建在《当代西方教学模式》一书中指出，1972年美国学者乔伊斯和韦尔第一次将教学模式引入教育学领域。乔伊斯和韦尔认为："教学模式可以用来设置课程（诸学科的长期教程）、教学材料、指导课堂或其他场合的教学计划或类型。"另外，他们在一起编写的《教学模式》中写道："我们对存在一种理想的教学模式产生怀疑，尽管有的教学模式乍看之下似乎十分诱人，但没有一种模式的目的是为了完成所有类型的学习，或是为了适用所有学习风格而设计的，因此不应当把我们的种种方法局限在任何一种单一的模式上。"研究表明，尽管在教学实践中涌现出众多的教学模式，但可以将教学模式归纳为以下四个共同特点：教学模式既反映了一定的教学理论，也是对教学规律的总结；每一种模式既包含了教学策略，也包含了明确的教学目标以及固定的操作程序，教学模式具有稳定性；在教学中，教学模式有其相对稳定的结构框架；每种模式都有一定的局限性，都有自己的适用范围，没有具有普适意义的教学模式。

21世纪初，华东师范大学高文教授在《教学模式论》中指出，研究与开发现代学习与教学模式，目的是为了培养和发展人的创新精神与实践能力，以符合知识经济时代知识创新的需要。该书用了四编十二章介绍四组共十种学习与教学模式的理论基础及实施方式，它们分别是：

第一组：基于知识组织与表征的学习与教学，包括概念获得的学习与教学模式、概念形成的学习与教学模式、基于概念网络的学习与教学模式。

第二组：基于问题解决的学习与教学，包括一般的问题解决模式、抛锚式教学——基于逼真情境的问题解决模式。

第三组：基于情境认知与意义建构的学习与教学，包括认知弹性理论与基于超媒体的学习与教学模式、认知学徒制教学模式。

第四组：基于活动的发展性学习与教学，包括基于学习活动的教学模式、基于问题情境的教学模式。

目前，学科层面的课堂教学模式研究成果颇丰，如湖南省株洲市景弘中学"一三六"语文教学模式、数学五环活动教学模式、高中地理"二元五步"案例教学法等。

2. 高效课堂

云南师范大学教育科学与管理学院孙亚玲教授在《国外课堂教学高效性研究》一文中提到，自20世纪上半叶起，国外便开始了关于高效课堂问题的研究，至今已有百年的研究历史，其研究内容涉及教师特征、课堂教学活动、教学环境、教学媒体等因素对高效课堂教学的影响。

有研究者指出，在中国知网(CNKI)文献全文分类索引中以主题词"高效课堂"为内容进行检索，检索结果显示，国内有关"高效课堂"的研究始于1999年，2006年以后相关论文迅速增加，特别是2010年以后，研究论文每年都突破2000篇。可以说，我国在这方面的研究虽然起步较晚，但关于"高效课堂"的研究论文与专著数量却非常大，成果丰富。

国内关于"高效课堂"的说法缘于2006年《中国教师报》介绍宣传山东杜郎口中学的课堂改革。高效课堂是近年来国内外研究的重点内容，是高效型课堂或高效性课堂的简称，顾名思义是指教育教学效率或效果能够有相当高的目标达成的课堂。具体而言是指在有效课堂的基础上、完成教学任务和达成教学目标的效率较高、效果较好，并且取得教育教学较高影响力和社会效益的课堂。高效课堂是有效课堂的最高境界，高效课堂基于高效教学。目前在国内影响较大的是山东杜郎口中学的"整体教学模式"和山东昌乐二中的"271"课堂教学模式，还有河南省安阳市殷都区的"双向五环"高效课堂教学模式，广东惠州市东江高级中学"和谐灵动——三环七步"的高效课堂教学模式，总的原则是控制教师的授课时间，积极鼓励学生参与到课堂中，强调课前预习的作用，强调课堂中学生充分展示小组合作学习的成果，师生共同参与完成课堂测评。

三、基础理论

1. 学习成效金字塔理论

"学习金字塔（Cone of Learning）"理论是由美国学者埃德加·戴尔（Edgar Dale）于1946年率先提出的，它用数字形式形象显示了采用不同的学习方式，学习者在两周以后还能记住内容（平均学习保持率）的多少。后来，美国缅因州的一个机构（National Training Laboratories）做过类似的研究，结论与戴尔提出的差不多（见图3-2-1）。具体说来，用耳朵听讲授，知识只能保留5%；用眼阅读，知识能保留10%；视听结合，知识能保留20%；用演示的办法，知识能保留30%；分组讨论法，知识能保留50%；练习操作实践，知识能保留75%；向别人讲授，快速使用，知识能保留90%。由此可以看出，不同的学习方法达到的学习效果不同。研究表明，在两周之后，学生对知识的保持率，从5%～90%不等。

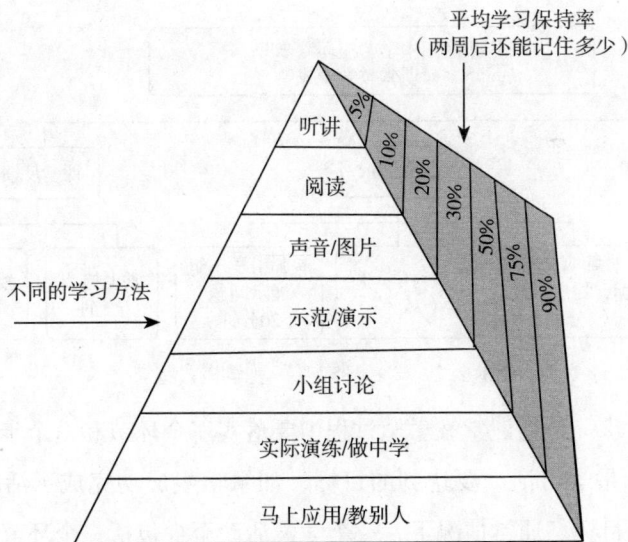

美国缅因州国家训练实验室
National Training Laboratories

图3-2-1 "学习金字塔"理论

2. 深度学习理论

"深度学习"最早应用于人工智能的研究，将深度学习的概念引入教育领域，特别是用于课堂教学研究时赋予了新的含义。深度学习就是指在教师引领下，学生围绕着具有挑战性的学习主题，全身心积极参与、体验成功、获得发展的有意义的学习过程。在这个过程中，学生掌握学科的核心知识，理解学习的过程，把握学科的本质及思想方法，形成积极的内在学习动机、高级的社会性情感、积极的态度、正确的价值观，成为既具独立性、批判性、创造性又有合作精神、基础扎实的优秀的学习者，成为未来社会历史实践的主人。深度学习追求一种高品质、高效率的课堂教学，深度学习的主要价值在于通过学科核心内容的重点探究过程，使学生在掌握学科核心知识的同时，培养学生的高阶思维能力和问题解决能力，实现学科教学中的少量主题的深度覆盖。

四、"三环六步"教学模式的构建

1. "三环六步"教学模式框架

"三环六步"高效课堂教学模式框架，如图3-2-2所示。

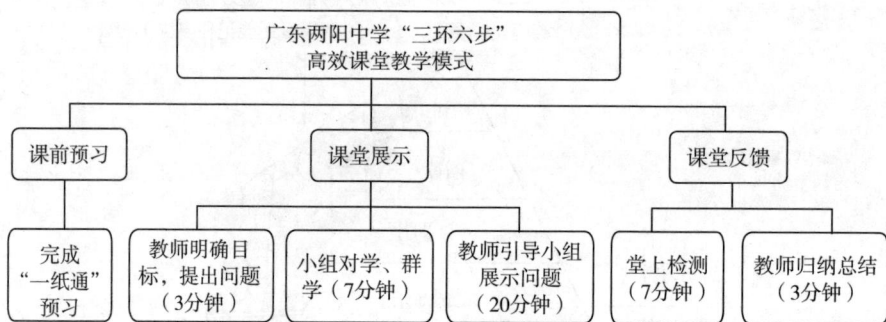

图3-2-2 "三环六步"教学模式框架

"三环六步"是指课堂教学全过程中要落实三个环节和六个步骤。

学习目标是学习活动要达到的目标，如果学生成功完成了活动任务，也就到了学习目标。通常情况下，一个学习活动至少包括三个环节：开始的引入环节、中间环节以及最后的总结环节。"三环"，即"课前预习环节""课堂展示环节""课堂反馈环节"。

一个活动可能包括多个活动任务，当然也可以只包含一个任务。活动任务又可以分解为一系列的交互操作过程，可能还需要一些学习资源和工具的支持，并产生具体的学习成果。整个活动是在特定的活动规则下完成的。活动规则包括交互过程的交往规则和学习成果的评价规则。因此，"三环六步"第一环是指"课前预习"，包括一个步骤——"课前完成一纸通"。第二环是"课堂展示环节"，包括三个步骤——"课堂上教师明确目标，提出问题""课堂上小组对学、群学""课堂上教师引导展示问题"。第三环是"课堂反馈"，包括两个步骤——"堂上检测""老师归纳总结"。

教学模式通常没有普适性，但"三环六步"高效课堂教学模式能有效地突破其局限性。以我校为试点，各个学科运用该项教学模式进行实践实验，可以为与我校同类生源素质的，面临同样升学难题的学校提供参考。因此"三环六步"高效课堂教学模式应用价值在于它的可推广性及可复制性。

"三环六步"高效课堂教学模式针对的是课堂的低效甚至无效，主要采用小组合作教学模式，结合我校原来进行的"一纸通"教学改革，全面提升教学质量。

2. "三环六步"教学模式的实施

以我校高一为主要实验年级，高二为尝试实验年级，以课堂教学为主阵地，分析研究以下方面的内容。

（1）"三环六步"高效课堂教学模式实施策略、实施步骤、实施保障措施的研究

实施策略：以"一纸通"为载体，以"小组合作"为方法，以教师的指导为主导，以学生的自主学习为主体，生生、师生合作完成教学任务。

实施步骤：（三个环节和六个步骤）

课前预习环节步骤一：教师集体备课，制订出"一纸通"，安排学生完成"一纸通"预习。备课要做到"四个有"即"脑中有课标、胸中有教材、心中有学法、眼中有学生"。集体备课制订"一纸通"必须集中研究以下几个问题：①如何引导学生自学最有效？②确定学生自学范围、自学内容、自学方式、自学时间、自学要求；③自学可能遇到哪些疑难问题？④设计什么样的练习题才能最大限度地暴露学生自学后可能存在的问题？⑤如何引导学生自我解决这些问题？

课前预习环节步骤二：小组长检查"一纸通"完成情况。各小组长利用

课前五分钟时间检查"一纸通"预习部分完成情况，根据各人完成情况记录到小组学习情况表中。

课堂展示环节步骤三：教师明确自学目标和提纲，强调本节课的自学重点和难点内容。"明确目标"是指以问题的形式让学生知道本节课要学习什么，通过什么方式学习，学到什么程度。在学生自学期间，教师通过组间巡视、质疑问难，给"走错"或"迷路"的学生"指南针"。对学生自学中的疑难问题，教师加以梳理、归类，为导学做准备。

课堂展示环节步骤四：小组交流，合作探究。学生在自学的基础上，对无法解决的问题与小组同学讨论，经过同学间讨论后仍然无法解决的问题在小组长引导下由组员共同探讨解决。

课堂展示环节步骤五：展示学习疑难，教师点拨拓展。各小组根据讨论情况，汇报本小组经研讨后仍然不能解决的问题写在黑板上，由教师安排决定多少个小组上讲台展示问题。教师在小组展示问题后，引导其他小组回答问题，并根据回答情况进行评价，由科代表记录小组得分情况。

课堂反馈环节步骤六：堂上检测和教师归纳总结。教师根据"一纸通"编制的练习，课堂上要求学生练习并进行简单评讲。归纳总结本节课所教内容，指出本节课在本章书、在高中知识树上的位置。

保障措施：高一年级各文化课每个备课组推出2人以上进行实验，高二推出1个人以上来确定小组合作流程。到期末，备课组最少有一半教师上过实验课，各备课组将上过实验课的教师报到教研处。

（2）对"三环六步"高效课堂教学模式中所用"一纸通"编辑要求、使用方法、落实反馈的研究

编辑要求：每个备课组内教师应分工编制，编辑内容紧凑些，最好不要超过8开纸双面。备课组长预审"一纸通"，审稿通过后才能复印。每份"一纸通"都要注明"编辑者""审稿者"和"使用时间"。

轮到有编辑任务的教师必须提前一周编制并印好下周所使用的"一纸通"。

各学科编辑内容可根据学情与学科特点有所不同，但必须体现"课前预习""堂上检查""课后巩固""检查反馈"的功能。

使用方法：课前一天将"一纸通"发给学生—由专人（学生科代表）负

责提示学生完成预习、完成相应学习任务—教师检查学生预习情况—下课前布置课后作业与下节课预习内容。

落实反馈：每节课上完后科任教师收学生上一节课的"一纸通"进行检查、批阅。

备课组长每周检查"一纸通"的编辑、使用情况。

备课组长每月将"一纸通"订正后打包（注明内容、范围、科目），并将电子稿件打包发送教研室的公共邮箱，由教研室检查存档。

（3）对"三环六步"高效课堂教学模式中课改班级小组建设和小组运作形式的研究

研究范围包括小组建设过程中各小组人数的设置、组训、目标、组标，各小组主讲教师的确定、各小组的具体任务的分配、小组需要用到的方法和技能、任务完成评价标准等小组运作形式的研究。

（4）对"三环六步"高效课堂教学实践过程中每一个环节具体时间分配的研究

例如，课堂上教师明确目标，提出问题、要求的具体时间分配（5分钟）；课堂上小组对学、群学的具体时间分配（10分钟）；课堂上教师引导问题的展示，小组任务的展示，课堂上检测的反馈具体时间分配（20分钟）；教师课堂归纳点评、总结的具体时间分配（5分钟）。

五、不同课型的"三环六步"教学模式

课堂教学的类型是根据教学目的、任务和内容的不同而划分的种类，也可以称为课型。本校"三环六步"教学模式的实践课型主要为常规课型。常规课型是指已被长期广泛使用，并在教学实践中由来已久的课型。通常包括单一课和综合课两大类。单一课是指课堂教学主要完成一项教学任务的课型，可以分为新授课、复习课、讲评课等形式。考虑到高中课堂教学最为常见的课型是新授课、复习课与讲评课，现以本校"三环六步"教学模式为例，阐述不同课型的要点。

1. 新授课

新授课是以学习新内容为主要目的，需要几乎一节课的时间集中进行新内容教学的课型，包括绪论课、学习新知识课等。这类课型教学内容新、教学

任务重、教学系统强、教学难度高，应当要求学生课前预习、课堂练习、课后复习。教师则要集中精力，采用多种教法，剖析重点、分解难点、抓住关键，避免学生对内容一知半解。

"三环六步"教学模式进行"一纸通"的编写有利于新授课的课前预习。以下是高中化学课预习"一纸通"的编写案例。

案例

"有机合成"的"一纸通"学案

编辑者：　　　　审编者：

班别：＿＿＿＿　姓名：＿＿＿＿　小组：＿＿＿＿　使用时间：＿＿＿＿

【学习目标】

（1）在掌握各类有机物的性质、反应类型、相互转化的基础上，初步学习设计合理的有机合成路线。

（2）初步学习逆向合成法的思维方法。

【自主预习】

1.常见有机物的相互转化

在图3-2-3箭头的相应位置，写上反应类型。

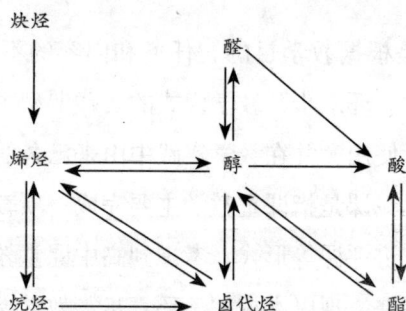

图3-2-3　有机物的相互转化

2. 由反应条件推测反应（见表3-2-1）

表3-2-1　由反应条件推测反应

反应条件	对应反应（一般情况）
（1）光照	烷烃的卤代反应
（2）Fe或FeX₃	
（3）Ni、加热	
（4）Cu或Ag、加热	
（5）NaOH水溶液、加热	
（6）NaOH醇溶液、加热	
（7）稀硫酸、加热	
（8）浓硝酸和浓硫酸、加热	
（9）浓硫酸、加热	

【推进新课】

1. 有机合成实验

（1）有机合成反应装置如图3-2-4所示。

（2）有机合成的产率：设计的步骤越多，产率越_____。

2. 正合成分析法

（1）思路：采用正向思维方法，从已知原料入手，找出合成所需要的中间体，逐步推向目标产物。

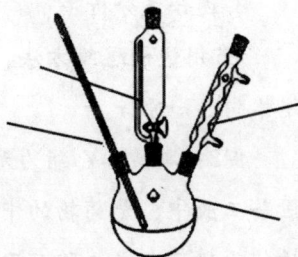

图3-2-4　有机合成反应装置

（2）官能团的变化（见表3-2-2）

表3-2-2　官能团的变化

		备注
官能团的变化	种类变化	
	数目变化	
	位置变化	
官能团的保护		

生动教育探索与实践

例1：根据以下合成路线，写出A、B、C、D、E的结构简式

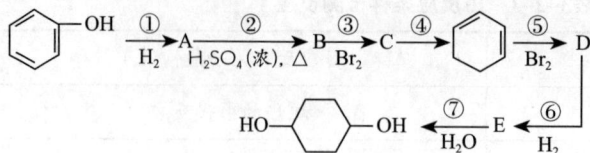

实验小结：

例2：工业上用甲苯生产对羟基苯甲酸乙酯（一种常用的化妆品防霉剂）的生产过程如下：

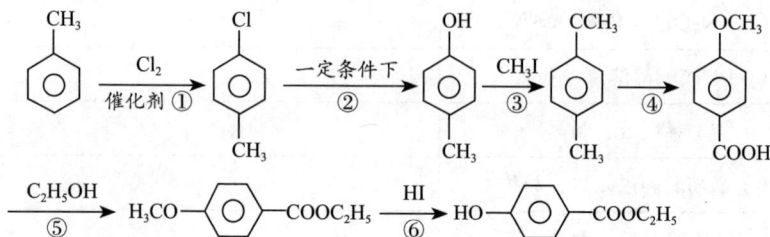

请回答：合成路线中反应③和⑥的目的是＿＿＿＿＿＿＿＿＿＿＿＿＿＿＿＿＿。

3. 逆合成分析法

采用逆向思维方法，从目标产物入手，找出合成所需要的中间体，逐步逆推向已知原料。

例3：草酸二乙酯为无色油状液体，有芳香气味。主要用于医药工业中，是药物的中间体。已知草酸二乙酯的结构，以乙烯作原料可合成草酸二乙酯。用"逆合成分析法"对该工艺进行分析。

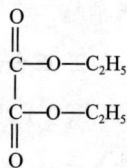

思考：乙二醇可以用酸性高锰酸钾直接氧化为乙二酸吗？为什么？

54

4. 有机合成路线的设计

（1）书写格式：

$$原料 \xrightarrow[条件]{辅助原料} 中间体 \xrightarrow[条件]{辅助原料} 目标产物$$

示例：$CH_3CHO \xrightarrow[催化剂, \triangle]{O_2} CH_3COOH \xrightarrow[H_2SO_4(浓), \triangle]{CH_3CH_2OH} CH_3COOCH_2CH_3$

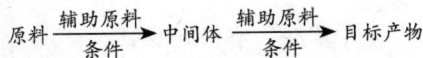

（2）题型特点：提取信息，构建合成路线

（3）关注：官能团的变化、碳骨架的变化、原料和目标产物

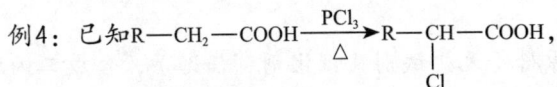

例4：已知$R—CH_2—COOH \xrightarrow[\triangle]{PCl_3} R\overset{\displaystyle}{\underset{\displaystyle Cl}{\overset{|}{—CH—}}}COOH$，

实验小结：

写出由乙酸合成 $\overset{\displaystyle CHO}{\underset{\displaystyle COOH}{|}}$ 的路线流程图（其他原料任选）。

例5：已知：

① $\overset{CH_2C}{\langle\ \rangle} \xrightarrow{NaCN} \overset{CH_2CN}{\langle\ \rangle}$；

② $RCH_2CN \xrightarrow[催化剂, \triangle]{H_2} RCH_2CH_2NH_2$。

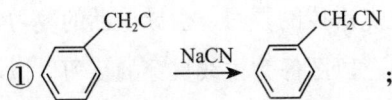

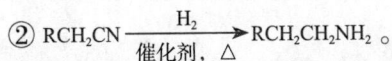

请写出为 ⌇⌇⌇⌇ 原料制备化合物X（见下图）的合成路线流程图（无机试剂可任选）。

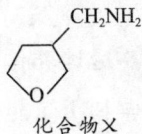

实验小结：

$$\overset{CH_2NH_2}{\underset{O}{\text{（四氢呋喃环）}}}$$

化合物X

例6：以甲苯为主要原料合成对氨基苯甲酸。已知：

①苯环上的甲基是邻对位定位基团，苯环上的羧基是间位定位基团。

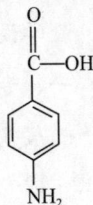

（对氨基苯甲酸结构：$\overset{O}{\overset{\|}{C}}—OH$ 苯环 NH_2）

②
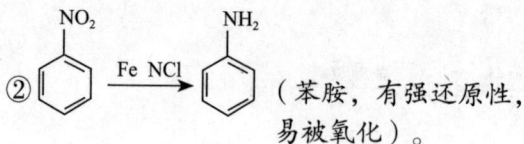
（苯胺，有强还原性，易被氧化）。

实验小结：

【课后练习】

已知：$RCl + NaCN \longrightarrow RCN + NaCl$；$RCN + 2H_2O + HCl \longrightarrow RCOOH + NH_4Cl$。

现以乙烯为唯一有机原料（无机试剂及催化剂可任选），合成二丙酸乙二酯，设计正确的合成路线。

2. 复习课

复习课是以巩固、深化、扩展学生所学知识和能力为目的的课型，主要有单元复习、阶段复习、总复习或毕业复习、高考复习等不同类别。这类课程复习的形式很多，有系统讲授的复习、重点讲授的复习、引导谈话的复习、解答问题的复习或以知识结构列纲要的复习、以图像为主线贯穿的复习、以电教媒体展开的复习、布置复习题的复习等。无论哪种形式的复习，都应使复习的内容系统化、深刻化。

以下是高三地理复习"三环六步"教学模式的案例。

案例

高三地理复习微专题教学设计

课堂教学模式变革的成效需要通过具体学科的课堂教学来检验，或者说高效课堂教学模式给学科课堂教学插上了翅膀。"一纸通"导学案是"三环六步"高效课堂教学模式的重要载体，也是课堂教学设计的重要组成部分。因此，教学设计是构建高效课堂的基础。

一、专题与微专题教学设计

一般情况下，同一概念下的知识或同一主题下的知识整理集合形成专题知识。"专题"往往体现同类知识的整合归纳，根据整合范围大小和体系结构的复杂程度，通常可以将其分为大专题、小专题和微专题。高中地理微专题教学设计是指针对某一具体的知识点或能力点，围绕其基本概念、基本原理、基本规律，内化知识，建构知识结构，进行知识整合、拓展，并能运用基本概念和原理解决实际问题的一种"小切口"的课程设计方法。

例如，气候专题是自然地理的经典内容，但是传统的二轮复习中气候专题的内容涵盖面太大，并且研究表明，近年来高考地理试题中考查直接气候类型的内容和分值在减少，间接考查气候知识内容的分值有所增加，考查"气温"和"降水"的试题及分值增加趋势最为明显。因此必须对气候专题进行微专题设计，才能提高复习的准确性与有效性，从而构建高效地理课堂。

二、微专题教学设计的思路（见图3-2-5）

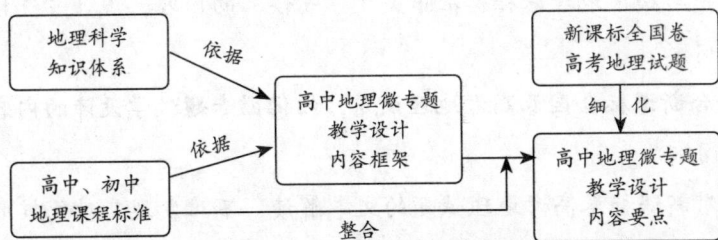

3-2-5　微专题教学设计思路

1. 参考高校地理学教材，研讨课程标准与考试说明，明确考试要求，初步构建知识框架

教育部考试中心依据《普通高中地理课程标准》和《义务教育地理课程标准(修订版)》，颁布《普通高等学校招生考试全国统一考试大纲(文科)》。微专题教学设计需要从认真研读这三份文件、明确考试要求，并初步重构知识框架入手。

现行的二轮高考地理复习资料普遍存在着知识框架不够清晰的问题，大多数情况下是一轮复习的压缩版。这种框架显得粗放，无法达到纵深理解知识的效果。基础教育课程内容选择的依据是各科的课程标准，而中学地理课程标准内容选择的依据则是现代地理科学，因此，要想正确认识高考试题的内涵，就必须站在地理科学的高度，才能准确把握复习的方向。

2. 整合高中与初中的地理课程标准内容，梳理高中地理微专题教学设计的内容要点

在初步构建的内容框架内整合高中与初中地理课程标准内容，梳理微专题教学设计的内容要点。不少高中地理教师在高考复习备考过程中忽略了初中地理课标，这样就无法全面理解专题复习的内容。例如，高中地理课程标准中关于"气候"的内容有以下两条：

① 绘制全球气压带、风带分布示意图，说出气压带、风带的分布、移动规律及其对气候的影响。

② 运用资料，说明全球气候变化对人类活动的影响。

如果仅仅以这两条标准内容作为依据的话，气候专题的复习就显得泛泛。如果结合初中地理课程标准的内容，气候专题的复习就显得充实多了。因为在《初中地理课程标准》中，关于"气候"的内容多达10条。因此，必须整合高中与初中地理课程标准中关于"气候"的内容，设计"气候"的微专题教学内容。

3. 结合新课标全国卷高考地理试题，细化微专题教学设计的内容框架，建构知识网络

结合对新课标卷高考地理试题的文本解读，不难发现其对气候的考查更多涉及的是《初中地理课程标准》的内容。依据《地理课程标准》的内容对试题进行分类，细化高中地理微专题教学设计的内容要点。

三、"三环六步"高效课堂教学模式的实践

地形对气候的影响，属于高考自然地理的经典考点。依据"三环六步"高效课堂教学模式，结合高三地理微专题教学设计的思路，在反思现行二轮资料书、在该考点分析不足的基础上，我们设计了该考点的"一纸通"导学案，并进行了课堂教学实践。

1. 课前预习，形成整体印象

第一步：如前所述，高中地理微专题教学设计最终以导学案的形式印发给学生。学生可以在课前利用导学案进行预习。导学案内容的整体框架根据高考试题所涉及的考点来构建，并按课时进行编排，为高效课堂的实施奠定基础。教师提醒学生通过阅读导学案的内容关注考点的分解，这样可以在课前就获得对该考点的整体印象。

表3-2-3是以"地形对气候的影响"为例子的导学案考点内容框架。地形是影响气候的因素之一，当前教辅资料书关于该考点的分析是包括在"影响气候的因素"章节下的，分析过程过于简单，针对性不强。从表格中可以看出，

如果仅仅按照教辅资料书的分析，是无法有效地应对高考的考查的。

表3-2-3 "地形对气候的影响"内容框架

考点分解		全国卷高考真题举例
1. 地形(海拔、山脉走向)对气温的影响	（1）海拔高度对气温的影响——气温的垂直递减率	2018年全国文综Ⅰ卷第11题，考查导致7月贵州毕节气温较重庆低的主导因素；2013年全国文综新课标卷Ⅱ卷第6题，考察地形对台湾岛年均温分布特征的影响
	（2）山脉走向对气温的影响——冬季风背风坡气温较高，冬季风迎风坡气温较低	2012年全国文综新课标卷第6题，考查地形对我国北纬33°附近分别位于汉江谷地和黄淮平原的甲、乙两地冬季气温的影响
2. 地形(山脉走向)对降水的影响——迎风坡多雨，背风坡少雨		2013年全国文综新课标Ⅰ卷第4题，考查地形对北美45°N附近某区域内降水差异的影响。
3. 地形与气候的空间差异		2016全国文综Ⅰ卷第37（1）题，考查堪察加半岛地形对气候区域差异的影响

2. 课堂展示，关注复习重点

第二步：在课堂教学开始阶段，教师根据导学案向学生展示考点分解的相应高考试题，旨在引导学生思考并关注该考点的复习重点，做到有所侧重，而不是面面俱到。这样才能适应全国卷高考地理试题纵向探究的考查方式。例如表3-2-3显示"地形对气候的影响"考点可以详细分解为三个方面。通过统计相应的高考试题，不难发现，"地形（海拔、山脉走向）对气温的影响"是考查的重点。这为课堂讲解做好了铺垫，同时也为学生高效复习提供了典型案例。

第三步：在课堂讨论环节，学生以小组为单位，对考点所涉及的各方面进行讨论。

第四步：教师在学生展示讨论结果后，综合分析学生存在的问题与不足，最后做讲解和补充。例如，"地形对气候区域空间差异的影响"是"地形对气候的影响"这一考点较为难理解，以往在复习过程中较少提及，教师可以补充其他省份相同考点的高考试题进行讲解，真正做到突破难点。

3. 课堂反馈，检验学习效果

第五步：每个分解考点至少列举两道以上的高考试题，小组讨论过程解决其中一道，另一道用于课堂检测。优先采用全国卷的试题。在数量不够的基础上，再考虑其他省份相同考点的典型高考试题。

第六步：教师做课堂教学归纳总结，将"地形对气候的影响"的考点框架在黑板上板书出来，并强调学生课后完成"一纸通"导学案的课后巩固练习。

以上课堂教学实践表明，"三环六步"高效课堂教学模式在高三地理复习课堂中也能得到较好地运用。当然，具体的教学环节和步骤，以及时间的安排，要视所教班级、教学内容的不同等进行必要的调整，最终才能使该模式的作用得到充分地发挥。

3. 讲评课

讲评课是安排在学生作业、测验或考试之后进行的，主要是针对学生作业或考试中反映的问题进行分析评价的课型。这类课型要注意充分肯定学生的成绩，肯定答卷中好的方面，结合优秀试卷或作业进行评讲。同时又要注意指出答题中的不足和问题，认真分析错误的根源和失误的原因，提出改进的办法和解决问题的措施，帮助学生正确地学习知识，合理地运用知识，进一步提高学习能力。讲评课也有助于教师发现教学中的薄弱环节，改进教学方法和策略。

案例

"三环六步"高效课堂教学模式与英语阅读讲评课相结合

考试后对试卷进行及时有效的评讲能够加强考试的诊断功能，强化学生的解题思路，提高学生素质和能力。结合"三环六步"高效课堂教学模式，笔者对英语阅读讲评课进行了相应的调整，学生自主探究讲评试卷成为讲评课的重要组成部分。以下是笔者对英语阅读讲评课与"三环六步"高效课堂教学模式相结合的讲评课尝试。

第一个环节：课前预习

学生完成试卷后，教师收起来进行评阅，通过查看试卷正确率，统计分析报表，统计出班内高分学生名单，进步较大的学生名单，平均分，易错题以及易错答案。将易错题划分为事实细节题、主旨大意题、词义猜测题和推理判断题四大类型，做好可能的失分原因分析，再根据答题情况设计有针对性的二次检测题。

教师提前将已评阅试卷和答案发给学生，展示易错题题号，布置作业。要求学生校对答案，重温试卷，将题目的解题关键词和选题依据在原试卷中用下划线画出并标记题号。同时，学生还要尝试把阅读题目归类为事实细节题、推理判断题、词义猜测题、主旨大意题四大类型，并写下自己错题的原因分析，如审题不清，未提取有效信息等。

第二个环节：课堂展示

1. 总结激励

先由教师在课堂上总结考试情况，公布平均分、优秀学生名单和进步较大的学生名单。在学生学习的过程中，成就感是学生最大的学习动机。从不同角度对不同学生进行表扬，能激发学生的自我认同感和学习热情，并以此作为学习动力，更主动地改进学习方法，提高学习效率。

2. 小组群学

教师要求学生7分钟内在学习小组内部进行群学，互相讨论，解说易错题的选题依据。组内通过对学或者群学，生生互助讲解，先解决一些得分率较高的题目，提高简单题的讲评效率。同时，学生尝试合作剖析疑难，交换得分率较低易错题的解题依据，说明理由，确立发言人，为下一步的课堂展示做准备。讨论的最后2分钟，教师集中每组的发言人来交换对难题的剖析意见，适当进行点拨，并分配讲解任务。

3. 学生展示

小组发言人展示问题解答思路。领到任务的小组发言人依次上讲台对易错题进行讲解，其间允许台下学生提问和反驳。该小组的其他成员在发言人需要帮助时也可以站起来回答问题。通过学生的解说、辩论和交流，可以充分显示学生在解题过程中的思维方式，对其他的学生来说这也是一种重要的参考和借鉴，实现"知其所以然"的最终目的。

英语阅读理解题主要有事实细节题、主旨大意题、词义猜测题和推理判断题四大类型，每种题型都有其相应的答题技巧。值得注意的是，在放手让学生进行自主讲评前，教师必须为学生搭建不同题型的讲评框架。

对于事实细节题，高考英语全国卷的事实细节题往往在选项上会设计深浅不同的陷阱：

（1）与原文信息相反。

（2）偷换概念。与原文用词一致，但句子改变了原文的意思。

（3）颠倒原文逻辑。

（4）答非所问。利用原文单词拼凑无关信息或者回答的内容和原文一致，但是并非题目所问及的内容。

（5）选项含有绝对化字眼，如only，all，always等。

（6）常识混淆。用常识代替原文观点。

（7）同义替换。把原文的关键词替换成另外一个同义词，增加考生识别难度。

事实细节题要求学生通过题目中的关键词在原文中定位相关的信息句子，理解、对比，然后得出正确的答案。学生在讲评这类题目时采用定位对比法来讲解，同时解释干扰项的陷阱，就能达到释疑的目的。

对于主旨大意题这类归纳概括型题目，出题方式最主要有两大类型：

（1）What's the main idea of this passage (paragraph)?

（2）What's the best title of this passage?

解答此类问题，首先需要学生在通读的基础上对全文主旨有大概的了解。结合高考全国卷的选材特点，但凡议论文和说明文，均为总—分或者总—分—总的结构，在通读仍未把握大意的情况下，可重点理解首段和末段，结合段落的主题句和全文反复出现的高频关键词来进行选择和判断。

记叙文则要结合叙事主体，找到描述事件的选项。此类问题干扰项有以下特征：

（1）以偏概全。用文中一个具体细节来概括全文。

（2）主观臆想。并非根据原文事实进行的猜想。

（3）言过其实。使用原文高频词，但是意思完全相反。

学生在讲评此类题目时主要采用归纳法，通过解读首段，提取段落主题句和原文高频词，同时解释干扰项的陷阱。

对于词义猜测题，全国卷一般考查的是学生对原文中代词的指代关系，超纲词的释义，熟词生义的理解或者是长短句的释义。根据不同的考查方式，学生可以采用以下的讲评方式：

（1）如果考查的是代词的词义猜测，需要学生解读代词所在的句子以及前面邻近句子的内容，并分析逻辑关系判断其所指代的对象。

（2）如果考查的是熟词生义或者超纲词释义，学生可以根据以下方法讲评：①展示上下文提供的语境；②通过原文定义来解释；③通过原文例子来证明；④利用原文逻辑关系来判断（例如because, but, although, since, for等）；⑤利用同义词、近义词和反义词来解释；⑥通过构词法来解释词义。

（3）如果考查的是对下划线句子的理解，学生必须要解释下划线句子的上下文，以准确推断句子的意思。

对于推理判断题，学生需要根据对原文的理解、分析、归纳和判断，对事实细节或者作者的观点态度进行符合逻辑的推断。题目中往往会出现indicate, inferfrom, suggest, conclude, purpose等关键词。该题型的干扰项有以下特征：

（1）直接使用原文的事实细节。

（2）用原文词汇进行错误的拼凑。

此类题目的解答和讲评必须以原文客观事实为依据。由于四个选项所陈述的内容通常分散在全文，学生需要找到原文的关键句来进行解读，同时解释干扰项的错误，避免主观臆断。

教育家陶行知先生认为："好的先生不是教书，不是教学生，乃是教学生学。""做到教学合一。"在试卷讲评课上，前期为学生搭建好试卷阅读理解题讲评的脚手架，课前充分分析准备，课堂上由学生大胆发挥。学生在讲解、听讲、提问、辩论的过程中，思维一直处于紧张和活跃的状态，在发现问题和解决问题中掌握学习方法，可以实现学生对自我认知过程的有效监控。通过元认知策略和交际策略的应用，在轻松的气氛下，学生能更好地理解考点知识。

当然，教师在学生展示之后，要及时评价，对讲解者和提问者给予肯定，同时帮助厘清讲解者讲得比较含糊的地方。及时有效地进行讲评反馈，才能形成教与学的互相促进和激励。

第三个环节：课堂反馈

1.二次检测

教师应采取及时有效的手段巩固讲评效果。在学生自主讲评结束后马上下发有针对性的二次检测题，要求学生在7分钟内完成，并校对答案，从而提高学生认知水平和解决实际问题的能力。在学生疑问较多的地方，教师须重新呈现解题步骤和解题关键，根据课堂的实际需要，由学生或者教师来进行再次讲评。

2.归纳总结

作为一节完整的课堂，教师需要用3分钟时间将本节课的讲评重点题型和学生一起重新梳理一遍，再次重温解题步骤和干扰项特点以强化学生的解题技巧。

结合"三环六步"高效课堂教学模式来提高英语阅读讲评课的效率，可以使讲评课更加实用而不流于形式。但教师必须加强备课的计划性和条理性，错题分析要到位，当堂检测题设计要合理，学生课堂讲评活动要组织严密、环环相扣，教师引导要把握好节奏，点评要有度，使之成为学生的知识生长点，提高学生解题水平和应试能力，促进英语批判性思维和多元思维能力的发展。

第三节　生动课堂案例

我校生动课堂的实践，包括文化学科、艺术与体育学科等。不同的学科情况不同。以下案例分为两大方面，均获得"一师一优课"省级以上荣誉。生动课堂文化学科的教学案例包括高中化学与高中地理。生动课堂的艺体学科案例只有新授课课型。

一、生动课堂的文化学科案例

（一）化学课案例

"电浮选凝聚法"教学设计

【教学目标】

1.知识目标

认识电浮选凝聚法处理污水的原理，巩固电解池的基本电解原理，重新认识放电顺序的一般规律，了解处理污水的一般方法。

2.能力目标

培养学生对陌生信息的吸收、整合和迁移能力；打破思维定式，认识规律并不是一成不变的。

64

3. 情感目标

强化科学态度和社会责任，将绿色化学的理念渗透学生内心。

【教学重难点】

1. 教学重点

电浮选凝聚法处理污水的原理。

2. 教学难点

重新认识放电顺序的一般规律。

【教学过程】

环节一：电浮选凝聚法的原理剖析（见表3-3-1）

表3-3-1　电浮凝聚法的原理剖析

	内容
情境引入	观察污水并描述现象
提问	根据我们学过的知识，同学们有没有办法让这杯污水变得澄清
学生	加明矾等净水剂
展示	加明矾的净水效果，强调时间要24h。并分析明矾的净水原理
过渡	在实际的工业生产中，污水量是非常大的，而明矾净水所消耗的时间比较长，污水处理效率低。如果我们把学过的电解技术运用到工业污水处理中，相同量的污水处理，达到同样的澄清溶液，只需要1h
展示	图片展示电浮选凝聚法，电压：8V，pH=5，电解1h后的现象与明矾净水24h的效果基本一样
设疑	现在请同学们根据你观察到的现象和所学知识，思考以下问题：根据实验现象，两电极上分别发生了什么反应？悬浮物是怎么浮在溶液上方的？颗粒物是如何沉淀的
学生	思考讨论
分析原理	Fe^{2+}被O^2氧化成Fe^{3+}， $Fe^{3+}+3H_2O \rightleftharpoons Fe(OH)_3$（胶体）$+3H^+$， 生成的胶体吸附悬浮颗粒物，使其沉淀。 H_2把部分悬浮物吹上去，形成浮渣
设疑	电解前为什么要调节溶液的pH为5左右
学生	如果溶液pH大于5，H^+浓度较低，不利于其放电；如果pH小于5的话，不利于$Fe(OH)_3$胶体的生成
总结	我们一起来总结一下这个电解技术在处理污水时的原理：产生的气体把部分悬浮物吹上来，形成浮渣，产生的胶体把部分悬浮颗粒物吸附后沉降下来，中间形成澄清的溶液。这个原理有一个专有名词，叫作电浮选凝聚法

环节二：电解实验的优化设计（见表3-3-2）

表3-3-2 电解实验的优化设计

	内　容
提问	电浮选凝聚法相对于投放明矾来说，大大提高了工业处理污水的效率。如果我们想要再进一步提高它的效率，可以用什么方法？我们先思考什么是影响这个沉降和浮选速率的关键因素
学生	$Fe(OH)_3$胶体的形成速率，浮渣上浮的速率
引导	可以加NaCl增大导电能力，加绿色氧化剂H_2O_2氧化Fe^{2+}，加点洗涤剂增多泡泡等

环节三：拓展延伸（见表3-3-3）

表3-3-3 拓展延伸

	内　容
过渡	电浮选凝聚法是电解处理污水的一种方法。电解技术在其他类型的污水处理中也有非常重要的作用，比如降解有机色素，处理含重金属离子的污水，等等。我们来看下面两个例子
PPT展示：例1	某印染厂的污水中含有大量的悬浮颗粒物、有机染料和色素，我们可以用什么方法去除这些杂质
引导	悬浮颗粒物可以用电浮选凝聚法
设疑	有机染料和色素呢
信息呈现	文献资料1：在酸性溶液中，FeO_4^{2-}可以使有机染料降解。经高铁酸盐处理后，甲基橙等染料降解脱色效果明显。 文献资料2：①Fe在较高电流密度时生成六价铁；②FeO_4^{2-}在强碱性条件下稳定存在，pH降低时容易分解；③H_2容易还原FeO_4^{2-}
提问	我们如何利用电解法制备得到含FeO_4^{2-}的溶液呢？现在请同学们在小组内画出该实验装置图，同时写出电极反应式，并分析高铁酸盐在该印染厂污水净化中的作用原理
学生	上黑板画出装置图
点评	注意离子交换膜的作用
展示他人成果	郑曦等人在实验室以Pt为阴极，以Fe为阳极，以阴离子交换膜为隔膜，在饱和NaOH溶液中电解成功制备高铁酸盐
PPT展示：例2	工业上为了处理含$Cr_2O_7^{2-}$离子的pH=4的酸性废水，采用以下处理方法（该方法选用电压为2.5V，电流密度为2.7A时，可以将240mg/L的Cr（Ⅵ）降到小于0.1mg/L）：①往工业废水中加入适量食盐。②以铁作为阳极进行电解。③鼓入空气。经过一段时间后，使废水中含铬量降到可排放的标准。请解释处理含$Cr_2O_7^{2-}$离子的工业废水的原理

	内　容
提出问题	1. 该工艺以铁作为阳极，其电极反应式是什么？ 2. $Cr_2O_7^{2-}$ 易被上述阳极产生的离子还原成 Cr^{3+}，请写出离子方程式。 3. 简述该工艺生成 $Cr(OH)_3$ 和 $Fe(OH)_3$ 的原理。 4. 鼓入空气的目的是什么？ 5. 加入少量食盐的目的是什么
学生	讨论后一起解答
教师总结	纵观我们学习的电解技术在污水处理中的应用，我们可以看到，相似的装置可以处理不同类型的污水，不同的是要根据污水的类型调节合适的电压和电流密度。所以，条件对化学反应是有很大影响的，我们要充分掌握这些规律，为人类的生产和生活服务
高考寄语	1. 打破思维定势，答题时要充分利用题目中给的信息； 2. 在尊重客观事实的基础上提取有效信息，再结合自己所学来解决问题

【板书设计】

1. 电浮选凝聚法

（1）原理

↑ H_2

↓ $Fe(OH)_3$

（2）优化

2. 延伸拓展

（1）高铁酸盐的制备

（2）处理含 $Cr_2O_7^{2-}$ 废水

3. 总结

【设计反思】

本节课是在高三学生复习完《化学选修4》第四章《电化学基础》后进行的拓展课。在设计教学案例时，拟采用的是学校的"三环六步"教学模式，由于种种原因，没有布置学生进行预习，加上该节课是实验课，故最终的教学模式和学校的"三环六步"模式稍有不同。本节课的教学模式，如图3-3-1所示。

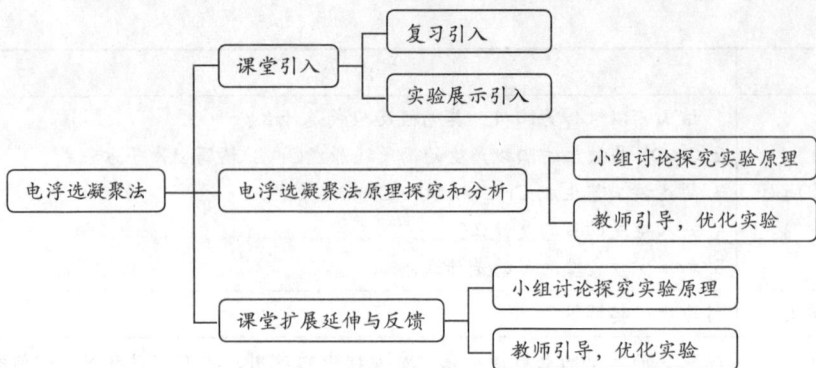

图3-3-1

本节课内容从工业处理污水的原理及环境保护这一视角，创设与电解原理相关的教学情境。在上课的过程中，由于刚复习完电化学相关知识，授课过程中学生的接受能力不错，能在原有基础知识上进行拓展和运用。但学生在设计实验时用的时间较长，体现出学生在实验上的欠缺。工业应用和实验的结合，大大激发了学生的学习兴趣。通过理论和实际的结合，学生在尊重客观事实的基础上，学会打破思维定式，学会从题干中提取陌生有效的信息，结合所学来解决问题。通过实验设计和实验展示，学生实现了"化学核心素养"中的"实验探究与创新意识"的要求。学生在实验中体验到化学科学的巨大作用，打开应用化学的新视角。通过本节课的学习，把绿色化学的理念渗入学生内心，阐明化学与人类可持续发展的关系，帮助学生树立可持续发展的观念，进一步强化"科学精神和社会责任"，使学生在以后的成长道路上勇于承担责任，积极参与有关化学问题的社会决策。

（二）地理课案例

第16讲　中国的河流和湖泊

第2课时　黄河的开发与治理

编写：陈俏桦　　审核：高二地理备课组

班别：_____　　学号：_____　　姓名：_____

【学习目标】

（1）运用地图找出黄河的发源地、注入的海洋、流经的省区以及地形区。

（2）通过地图、统计资料的分析，能够解释黄河各河段产生灾害的原因及治理措施。

（3）根据不同河段特性，思考如何进行合理地开发和利用。

【课前预习】

阅读《北斗地图》，填写黄河概况。

（1）黄河发源于我国＿＿＿＿＿＿＿高原上的＿＿＿＿＿＿＿＿山脉，流经＿＿＿＿、＿＿＿＿＿＿、＿＿＿＿、＿＿＿＿、＿＿＿＿、＿＿＿＿、＿＿＿＿、＿＿＿＿、＿＿＿＿九省（自治区）。流经青藏高原、＿＿＿＿、＿＿＿＿、＿＿＿＿、华北平原地形区。

（2）黄河上、中游分界点是＿＿＿＿＿＿＿＿＿，黄河中、下游分界点是＿＿＿＿。

（3）黄河干流形如一个巨大的＿＿＿＿＿＿＿（汉字）形。上游有＿＿＿＿和＿＿＿＿两大支流；中游有＿＿＿＿和＿＿＿＿两大支流。

（4）黄河上游，峡谷、河道，利于建发电站；宁夏平原＿＿＿＿、河套平原农业发达。中游流经＿＿＿＿，多支流、含沙量＿＿＿＿；下游水流缓慢，泥沙沉积，形成"＿＿＿＿"。

思考：分析黄河凌汛现象出现的地段及其原因。

【课堂探究】

黄河的忧患

材料一，黄河上游：

玛曲县是位于甘南藏族自治州的一个纯牧业县，拥有亚洲最优质的天然草场。素有黄河"蓄水池"之称，是黄河水量的主要补充地。近年来，玛曲草原干旱现象加剧，草场沙漠化扩大，生态恶化的警钟已经敲响。导致玛曲荒漠化的原因主要有五点：黄河沿岸有丰富的沙源，气候干旱降水减少，草场超载放牧，滥挖乱采中草药，有严重的草原鼠害。

黄河冲积而成的宁夏平原，自古以来就有"塞上江南"的美誉。早在2000多年以前，先民们就凿渠引水灌溉农田，至今已形成完善的排灌系统。但过度灌溉致上游地下水位上升，因蒸发旺盛易产生土壤次生盐渍化，使下游来水量减少。

材料二，黄河中游：

黄河中游流经黄土高原，接纳了汾河、渭河等支流，水量增加。由于中游地区大部分是黄土分布区，这里土质疏松、植被稀少，加上夏季雨水集中且多暴雨，使河水变成滚滚泥流。黄河成为世界上泥沙含量最大的河流。夏季部分河段河水泛滥，造成洪灾。

材料三，黄河下游：

黄河携带大量泥沙进入下游的华北平原，因河道变宽，平原上落差较小，水流速度缓慢，泥沙大量淤积在河床中，这样年复一年，河床不断抬高，再加上人为约束河水，长期人工筑堤束水，黄河下游河床高于两岸地面数米，以致下游河道成为高出两岸平地的"地上河"。所以黄河下游沿途水量减少，支流很少，每遇暴雨洪水下泄，下游河堤就会有决口的危险。而由于中上游地区用于生产、生活的引水量过大，造成下游河段在春末夏初季节几乎每年发生断流现象。

总结黄河各河段出现的忧患，并提出相应的解决措施（见表3-3-4）。

表3-3-4　总结

河段	忧患	措施
上游		
中游		
下游		

二、生动课堂的艺体学科案例

《体育与健康》教案

（时间2016年4月6日第8节课）

课次：第一次课　执教老师：余桂泉　班级：高三（12）班　人数：31

教学目标	1. 认知目标：学生进行24式太极拳左右揽雀尾的学习，知道并能说出动作要领。 2. 技能目标：掌握掤、捋、挤、按四个动作的协调配合。 3. 情感目标：培养学生的安全意识及团结合作的精神。	场地器材	音乐播放器、排球
教学内容	24式太极拳左右揽雀尾教学		
重点	掌握左右揽雀尾掤、捋、挤、按基本动作		
难点	上下肢协调配合		
教学流程	准备运动—球操—学习左右揽雀尾—素质练习—总结—下课		

顺序	时间	达成目标	学习内容	教师活动	组织与方法
准备部分	10分钟	1. 形成良好课堂纪律。 2. 充分活动身体，使身体各机能尽快进入状态。 3. 调动积极性。	一、课堂常规 1. 集合整队 2. 师生问好 3. 宣布课的内容 4. 安排见习生 二、球操	1. 宣布课的内容。 2. 提出安全问题，防止运动损伤发生。 3. 领做准备运动球操	组织方法： ▲：教师 *：学生 集合四列横队 ******** ******** ******** ******** ▲
基本部分	27分钟	1. 掌握左右揽雀尾动作技术。 2. 发展学生协调能力，增强体质。 3. 增强学生的展示能力，培养合作精神。	结合音乐复习已学太极拳动作。 建立正确的左右揽雀尾动作技术概念。 学习左右揽雀尾动作技术。 1. 以体操队形观摩教师的完整示范。	1. 示范讲左右揽雀尾的技术动作 2. 带领学生学习 3. 纠正错误动作	组织方法： 一、练习队形 ****** ****** ▲ ****** ******

顺序	时间	达成目标	学习内容	教师活动	组织与方法
基本部分	27分钟		2. 模仿教师动作。 3. 听教师口令连接每个动作。 4. 互帮互较互纠。	4. 安排个别学生进行示范 5. 组织接力赛	二、比赛队形 *** * → ⊙ *** * → ⊙ *** * → ⊙ *** * → ⊙ ▲ 要求：学生积极参与，认真练习，互相合作
结束部分	3分钟	1. 身心放松 2. 培养口头表达能力	1. 放松操 2. 教师总结 3. 学生自我评价	1. 教师总结 2. 宣布下课	组织方法： 四列横队 ******** ******** ******** ******** ▲
	预计运动负荷：中		平均心率：120次/分		预计练习密度：70%
教师课后小结					

第四章

生动课程的构建

为落实教育部普通高中课程方案和深化高考改革文件的要求，进一步深化课程改革，促进我校学生在共同基础上有个性地发展，提升学生的学科素养和综合学习能力，我校决定开展生动教育，全面贯彻两阳中学特色的多元课程体系，制订生动教育的实施方案和生动教育的校本课程。学校根据不同学生使用的不同课程，提出学生学习要达成的目标，坚持全体学生的全面发展，特别关注学生的个性发展和可持续发展，促进学生学习品质的优化，真正实现我校"培养具有中华传统美德和国际视野的现代公民"的培养目标。

我校的办学理念是"德为先、生为本、师为重"，践行"老师成功，学生成才"的办学目标，构建实现"基础扎实、学有所长、自主发展"的目标课程体系，形成"以诚养德、以谨修业"的课程文化环境，搭建推动学生学习品质优化的平台，让每个学生学有专长，兴趣爱好都能得到主动发展，确保学生达到国家规定的合格高中毕业生所必需的德、智、体、美全面发展的基本标准。另外，通过生动教育校本课程体系的构建，着力培养教师的新课程理念；通过生动教育校本课程的开发，培养教师的创新精神和创新能力；通过校本课程的实践，提升教师专业素养和文化素养。

第一节　学校课程体系构建

中共中央、国务院颁布的《关于深化教育改革全面推进素质教育的决定》明确指出，要"调整和改革课程体系、结构、内容，建立新的基础教育课程体系，试行国家课程、地方课程和学校课程"，由此拉开了我国构建"三级课程体系"改革的序幕。

我国人口众多，地域辽阔，各地经济文化发展存在着巨大差异，"大一统"的课程设计和"一刀切"的统一要求，显然不能满足不同地区教育和学生发展的需要。因此，本次课程改革实行三级课程管理政策，既体现国家对课程建设的基本要求，又为各地自主开发课程资源留有空间。进入21世纪后，随着基础教育课程改革发展步伐的加快，调整现行课程管理政策，实行国家、地方、学校三级课程管理，成为我国新一轮课程改革的基本思路。

实行国家、地方、学校三级课程管理，是由于国家课程难以满足不同地区的特殊需要，而地方、学校课程具有鲜明的地方性和地域性，可以弥补这一欠缺。地方课程的主要任务是贯彻国家课程改革精神，开发地方课程资源，更好地完成国家课程改革的任务。地方课程建构的核心是国家课程标准与地方课程资源的结合与融合。学校课程是学校根据国家课程计划、课程标准，结合本校的实际情况，为实现学校的培养目标而进行的课程设计、实施与评价。总而言之，在实现培养目标的育人体系中，国家、地方、学校各自承担着不同的责任。

下面对三级课程管理的内容及其特点进行阐述。

一、国家课程

国家课程由教育部主管，负责：制定国家课程政策，决策重大课程改革；制订指导性课程计划；制定必修科目国家课程标准（包括教学标准、评价标准）；审查并向全国推荐学科教材；指导、检查地方课程管理工作；审批地方重大课程改革实验；制定升学考试制度，指导升学考试的实施；确定某些课程管理权限的下放。

国家课程是基础教育阶段学校课程体系的主体部分，其主要功能在于使学习者获得基本的学校教育，培养具有一定文化素养的国民，是实现教育公平的重要手段。其最显著的功能，在于确保所有学习者享有学习的权利。国家课程是全国范围内都要实施的课程，它要保证所有学龄青少年都享有学习课程的权利，通过获得知识、发展能力和道德情感，成长为一个积极的、有责任感的公民。

二、地方课程

地方课程由省（自治区、直辖市）教育厅主管，负责：根据国家有关规定和本省（自治区、直辖市）的实际，确定本省（自治区、直辖市）执行的课程计划和必修科目课程标准；制订本省（自治区、直辖市）课程改革方案，报教育部审批；审批县以上教育行政部门组织编写的选修课教材、乡土教材；审查省（自治区、直辖市）编写的教材（包括经批准编写的、在相应行政辖区内使用的教材）；指导市（地）、县（市、区）教委（教育局）选用教材；指导、检查各地课程管理工作；确定中考实施办法，指导考试工作；确定某些课程管理权限的下放。

需要强调的是，地方课程并不只是指由省市教育行政部门设计的课程。在地方课程开发方面，区、县甚至更小的地域都有开发设计、课程的权利。其实，在省、市范围内，地方经济、文化发展以及课程资源还是存在着较大差异的，地方课程开发应调动区、县、学校的积极性，统得过死不利于地方课程的建设。在地方课程的设置上，应考虑特定地区和社区发展的实际，设置有利于学生融入社会生活中的课程，使地方课程体现浓厚的地方特色。为此，专家建议，应当多开展有关地方历史、地理、经济、文化传统等方面的研究，而不应把大多数地区开设的共同课程、必修课程等作为地方课程。

阳江市地方课程：《中新文化交流系列活动课程》

地方课程是国家基础教育课程设置实施方案的一部分，是课堂活力的来源，让学校从单纯的课程执行者，成为课程的建设者，改变千校一面的课程状态。地方课程的建设应当立足学校实际和地区特色，顺应学情校情，合理配置教育资源，创造性地开展综合实践活动，从而提升学生学科素养，启迪心智，陶冶情操，最终实现学生个性化发展的目的。

基于我校"生动教育"的主导思想，结合2017版《高中英语课程标准》提出的提升学生英语语言知识运用能力、学习能力、思维品质和文化意识的学科素养基本要求，考虑2018年我校被确定为阳江市的姐妹城市——新西兰纳尔逊市的定点交流接待单位、承接每年一次的中新青少年文化交流任务的实际情况，我校英语科组设计了《中新文化交流系列生动校本课程》，并被定为阳江市的地方课程。以我校为代表的地方课程，力求讲好中国故事，向外国友人宣传中国文化，建设阳江的美好形象，落实英语学科"立德树人"的目标（见表4-1-1）。

表4-1-1 中新文化交流系列活动课程

第一部分 英语社团文化建设（负责人：杨铮老师）	1. 组建英语社团
	2. 培训口语交际能力
	3. 开展社团活动（话剧排演、辩论赛、演讲比赛、情境模拟）
	4. 本土文化资源搜集及翻译整理
	5. 拍摄相关图片和视频，制作PPT
第二部分 中国文化体验课	1. 阳江风土人情（负责人：胡红樱老师）
	2. 中国传统节日（负责人：杨铮老师）
	3. 中国民族服饰（负责人：冯宝琴老师）
	4. 阳江美食制作（负责人：赖媛媛老师）
	5. 高中校园文化（负责人：朱天贤老师）
	6. 中国功夫（长棍、双节棍）（负责人：周华潘老师）
	7. 舞狮（负责人：冼奋宗老师）
	8. 书法（负责人：朱天贤老师）
	9. 风筝制作（负责人：关仕秋老师）
	10. 阳江景（负责人：余和高老师）
	11. 阳江漆器（负责人：黄早瑾老师）
	12. 各社团体验（负责人：英语科组各老师）
第三部分 新西兰文化体验课（负责人：杨铮老师、朱天贤老师）	1. 新中常识普及
	2. 口语交际培训
	3. 学生才艺培训
	4. 纳尔逊市初/高中体验课程
	5. 毛利文化体验
	6. 寄宿体验
	7. 纳尔逊市风物
	8. 玛拉豪野外生存训练

《中新文化交流系列活动课程》所有课程先由英语科组教师集体讨论、确定课题，然后由科组教师主动承担。负责教师针对课题设计系列活动，分配给学生以小组的形式完成资料收集，全面加工并制作PPT，制订合理可实施的展示计划，并审阅通过。最后在上课教师细心引导下，以学生为活动主体，完成课程的推进，达到学生英语听、说、读、写能力与思维品质和文化意识提升的最佳结合。按照布鲁姆（Bloom）的"教育目标分类法"，在认知领域，综合运用是比知道、理解、应用、分析更高层次的目标。英语科组的校本课程属高级认知活动设计。其中以新青少年交流为契机，结合我校其他学科的校本特色，通过系列课程体验，让学生动起来，并综合运用已学知识进行迁移创新，亲身实践，体验语言文化的魅力，实现跨文化交际的目的。

以我校为代表的阳江地方课程携梦想上路，走向世界，探索未知。以活动带动语言知识的学习，丰富多彩的文化交流课程，使学生能将课内所学到的英语知识运用到实际交流和生活中，延伸了英语学习内容的深度和广度，让学生们的个性尽情绽放。这是英语课程的内在诉求，也是英语学科落实"立德树人"目标的重要途径。"纸上得来终觉浅，绝知此事要躬行"。学生们自信地向外国友人展示中国文化，讲述阳江故事，零距离感受新西兰的生活习惯和风土人情，无差别体验新西兰自由的学习氛围，获得了难忘的生活体验，开阔了眼界，增长了见识，锻炼了自己的动手能力，提升了对异域文化的理解，增强了包容力，还与纳尔逊市的小伙伴们结下了深厚的友谊，强化了阳江与纳尔逊两市青少年的联系。

三、校本课程

"校本课程"指的是学校自主开发的课程，由学校主管，负责：根据上级教育行政部门的有关规定，确定本校必修科目的实际课程标准，确定选修教材的编号、选用，开发活动课程；制订重大课程改革方案，报上级教育行政部门审批；进行课程实施的管理。

在我国有两种不同的课程形式都被视为校本课程：一是为满足具体学校的发展需求和学习者的学习需求，充分利用当地和学校的课程资源开发的多样性的、可供学生选择的课程，是在国家课程之外由学校自主研制和实施的课程。二是国家课程的校本化实施，即学校和教师通过选择、改编、整合、补充、拓展等方式，对国家课程和地方课程进行再加工，使之更符合本校和学习者的需要。校本课程的本质体现在：在课程权利方面，学校拥有课程自主权；在课程开发主体方面，教师是课程开发的主体；在课程开发场所方面，学校是课程开发的场所。校本课程的主要功能，在于关照学习者的个别差异，满足他们多样化的学习需求。国家课程和地方课程都面向数量庞大的学习者群体，不可能关注每一个学习者个体。而校本课程恰恰是基于学校发展学习者个性化学习需求而开发的。

学校（校本）课程是相对国家课程和地方课程而言的，是指以某所学校为基地开发的课程，学校和教师是课程开发和决策的主体。开发校本课程，其意义不仅在于改变自上而下的课程开发模式，使课程迅速适应社会、经济发展的需要，更重要的是建立一种以学校教育的直接实施者（教师）和受教育者（学生）为本位、为主体的课程开发决策机制，使课程具有多层次满足社会发展和学生需求的能力。实践证明，学校（校本）课程开发是提高教师专业水平和创新能力的一条有效途径。

我校高中开设的主要课程严格按照2017年国家课程标准的要求开设，由于阳江市没有硬性要求的地方课程，所以现在学校的选修系列课程除了国家规定的选修课外，主要以校本课程为主。我校的校本课程有艺术类校本课程、信息科学类校本课程、体育健康类校本课程和学生社团活动类校本课程。从第二节开始，主要介绍上面几种校本课程进行生动教育的构建体系。

第二节 我校课程的设置

一、我校必修和选修课程的设置目的

开设实施学科基础性课程的主要目的：使学生牢固把握学科基础知识，培养良好的思维素质和思维能力，了解学科的一些历史、应用、发展趋势以及对社会发展的作用，逐步认识各学科知识的科学价值、应用价值和文化价值，为个性差异发展打下扎实的基础；学会用辩证唯物主义的观点分析问题、解决问题，形成积极向上的人生态度、批判性的思维习惯和崇尚科学的理性精神。

二、我校校本课程的设置

校本课程是在实施国家课程和地方课程的前提下，通过对本校学生的需求进行科学的评估，充分利用学校的课程资源而开发的多样性的、可供学生选择的课程。

（一）校本课程的开发原则

校本课程是国家课程、地方课程开发的重要补充，它以充分考虑教师的积极参与、学生的认知背景与需要、学校的主客观条件及其所处地区的经济与文化水平、学校自身特色等为主要特征。因此，在校本课程开发的过程中，我们始终倡导和坚持如下原则：

（1）主体性原则：以学校为主体，自主开发和发展的课程，应充分体现学校特色，体现教师为课程开发的主体，体现以学生的实际需要为主导。

（2）自愿性原则：尊重学生的意愿，自选课程，充分发挥学生的个性特长。

（3）灵活性原则：教学内容、方法以学生的实际情况而定，教师应从学生的能力、效果等差异出发因材施教，灵活调整，使全体学生都得到发展。

（4）开放性原则：体现目标的多元性，内容的宽泛性，时间空间的广域性，评价的主体性、差异性。要注意充分发掘学校现有的课程资源和服务资源，服务于课程改革。

（5）实效性原则：指学校课程开发中，学校不强调每门课程都必须有绝对的系统性、完整性，而强调对学生有启发性，并注意结果的有效性、针对性。

（二）校本课程的目标定位

端正办学思想，坚持规范办学，严格执行国家课程，维护课程计划与课程标准的严肃性。

协调学校各类课程之间的关系，优化学校课程结构，提高学校课程体系对人才培养的适应性。

根据学校办学目标，充分挖掘教师资源，合理利用社会资源，了解学生多样化发展的需要，通过独立或合作开发校本课程，促进学生个性化发展。确保学生享有必要的课程选择和管理的权利，创造机会使学生能够在一定范围与程度内参与课程的决策与教学活动。通过这些校本课程的开发，学校为学生提供了更多的学习机会，为学生的个性化发展提供了广阔的空间，创造了极大的机会，丰富了学生的学习体验。

满足教师专业发展的需要，提供适当的培训机会，提高教师开发与实施校本课程的能力，提高学校校本课程的质量。

（三）校本课程的实施策略

在认真分析校本课程开发背景、目标定位、开放原则的基础上，结合学校办学理念、培养目标和办学特色，校本课程进入具体实施操作阶段。本着有效利用现有教育资源，依靠教师开发具有我校特色的学校课程，以体现个体差异、全面育人的开发宗旨，为学生提供品德形成与人格发展、潜能开发与认知发展、身体与心理发展、艺术审美、综合实践等方面的学习经历，促进学生主动、和谐发展。

1. 教材编写

教师从以下四个方面挖掘教材资源，自编教材，选编教材，强化活动设计和实践应用，引导学生发现同题、思考问题和解决问题。①教材内容应尽力图文并茂，并通过简要案例、对比分析、逻辑演绎等手段，促进学生理解内容。②内容表述要简明扼要、条理清晰、语言生动。③教材编制要充分利用信息技术，关注在信息技术支持下教材内容的互动和生成性。④教材编制要重视开发和合理利用本区域所具有的教育资源。

2. 课程的实施与管理

建立组织机构，明确任务职责。成立学校课程开发与管理领导小组，负责统筹规划和领导制订相关条例，加强管理和培训。

教务处、团委和教研处等主要部门对教师进行必要的培训，组织教师申报课程。开设学校课程的教师，须填写申报书，撰写课程介绍，编写所开设课程的教案。包括以下内容：课程目标、课程内容或活动安排、课程实施建议以及课程评价建议。学校对申报的课程进行评审，提出评审意见。提供课程菜单和课程介绍，组织落实课程表等工作，负责建立学校课程授课教师档案，负责建立学校课程学生档案。

教研处落实学校课程的开发与申报和实施工作，指导并选编校本课程，召集成员定期研讨课程的开发、编辑、实施，总结本组学校课程的实施情况。

授课教师职责：撰写校本课程教案；任课教师认真备好每一节课，按步实施，教务处随机听课、测评；教师组织活动必须有计划、有进度、有教案、有学生考勤记录；教师应保存学生的作品、资料以及在活动、竞赛中取得的成绩资料。

校本课程实施过程中，学校层面需要把好以下几关：各年级设置的校本课程，必须符合学生的年龄特征和接受能力；任课教师要通过选编、自编教学内容等形式形成校本课程教案；校本课程一经开设，课程实施的教师要严格执行课程计划，按学校安排的课程表授课，不许随意删减课时或被其他任何内容、形式占用。

3. 校本课程的整体实施

（1）实施流程

选课。教务处、教研处和团委在学期开学前一周，公布开设的校本课程及授课教师，供学生选择。学生根据自己的兴趣爱好，填报选课志愿表。各年级对学生的志愿表进行统计汇总 。

排课。在公布课表的同时，要公布授课时间、地点和教师等信息。

上课。教师根据学校安排，在指定地点组织开展教学活动。校本课程教学组织的要求与国家、地方课程的要求相同，要建立临时班级，安排好座次表，选出一名科代表，协助授课教师做好记录学生考勤、作业完成情况等工作。教师要精心备课、认真上课，并根据实际情况，及时完善课程内容，调整教学方式。学生上课采取分班制，根据教师的要求，严格遵守学习纪律，积极参与学习活动，认真完成学习任务。

考核。每一专题学习结束后，教师要组织对学生进行考核，并向教务处和团委提交课程实施总结。对学生的考核可采用测试、小论文、实验、设计、竞赛等考核方式进行，考核成绩可按需纳入学生学期成绩之中。

（2）实施过程中的注意事项

对学生的选课要科学引导。要加强对学生的宣传教育，讲清学校开设校本课程的意义，要求所有学生根据兴趣参加选修课程，班主任和科任教师协调指导选课，做到"指导不包办，放手不放任"。

教师要精心组织教学过程。教师要认真制订教学计划，精心备课，撰写教案；要认真组织教学过程，加强学生管理，加强与班主任的联系，及时反思改进教学行为，提高教学成果。

学生要认真上课。按时出勤，遵守选科班级常规，认真完成教师布置的学习任务及考核要求。学生校本课程的评价结果记入学籍档案，成绩优异者优先评优。

加强对课程实施过程的调研和监控。学校对校本课程实施的全过程进行调研和监控。通过听课、问卷、座谈、个别访谈等形式，从课程内容、教学过程、学习效果、学情分析等方面，全面分析该课程的实施质量和学生的认可程度，及时反馈，并为校本课程的后续开设提供决策依据。

4. 学校课程的评价

为了保证学校课程的开发质量，促进教师的专业发展，张扬学生的个性，彰显学校办学特色，主要从三个方面对学校课程进行评价：课程教案、课程实施、学生学业成绩。

课程教案评价的主要要素：课程目标是否符合学校的办学理念和培养目标，目标是否明确清楚；课程内容的选择是否合适，所需的课程资源是否能够有效获取，内容的设计是否具体有弹性；课程组织是否恰当，是否符合学生身心发展的特点；课程评价的方式方法是否恰当；等等。

课程实施评价主要是对教师教学过程的评定，主要包括：教学的准备、教学方式、教学态度等方面。通过听课、查阅资料、问卷、座谈等形式，对教师进行考核，并归入业务档案。主要是四看：一看学生选择该课程的人数；二看学生实际接受的效果；三看领导与教师听课后的反应；四看学生问卷、座谈的结果。

学生学业成绩评价：主要是对学生在学习过程中，知识、技能、情感、态度、价值观等方面取得的成绩做出评价，评价要有利于促进学生个性的发展。对学生评价主要是三看：一看学生学习该课程的学时总量，做好考勤记录；二看学生在学习过程中的表现，如态度、积极性、参与状况等，用"优秀、良好、一般、差"等形式记录在案；三看学生的学习成果，学生成果可通过实践操作、作品鉴定、竞赛、评比、汇报活动等形式展示，成绩记入学分管理相关评价表格。

学生评价的形式多样，一般可采取以下"四结合"的形式，即教师的评价与学生的自评、互评相结合；对小组的评价与对组内个人的评价相结合；对书面材料的评价与对学生口头报告、学习活动表现的评价相结合；定性评价与定量评价相结合，以定性评价为主要形式。

5. 保障措施

学校成立学校课程发展委员会和学校课程建设小组。加强培训、统一认识，明确开发学校课程的目的和意义。对在学校课程实施过程中有所创新、取得突出成绩的教师予以表彰。

加大经费投入，确保研究经费的及时划拨。加强校园环境改善，加强校本课程所需场室的建设，为学校校本课程的实施提供必备的物质条件。

协调社会、家庭，为开发学校课程提供保障。利用网络各种载体大力宣传学校课程，营造良好的社会舆论氛围，争取社会各界和家长的积极配合，探索建立学校、家庭有效参与的新机制。

第三节 我校的特色校本课程

一、我校的特色校本课程概述

特色是学校在长期的办学过程中积淀下来的生存和发展方式，学校有特色才有生命力、才有竞争力。弘扬学校传统，重构学校文化，实验学校的特色发展，这是历史赋予我们的光荣责任，也是新课程赋予我们的艰巨使命。为此，我们在传承学校办学传统和历史积淀的基础上，分析学校的办学历程和现状，以时代的发展和学生的发展需要为本，以"爱国荣校、自强不息"的两阳中学人精神，将学校的办学特色明确为"打造文化深厚、特色鲜明的示范高中"，并正式明确了"德为先、生为本、师为重"的办学理念。希望通过几年的努力，让学校的文化品位和师生的人文素养得到明显地提升，使学校的文化特色得以彰显。

我校的特色校本课程主要集中在美术、音乐、舞蹈、体育和信息技术等科目上。这几科的教师充足，才艺各具特色，在校本课程开发上做到了模范带头作用。

二、我校特色课程的开展情况及成效

（一）美术校本课程

我校于2018年被评为广东省首批艺术特色学校，为清华大学美术学院、中央美术学院、广州美术学院等艺术院校输送了大批优秀人才，在培养学生人文素养、审美情操和艺术熏陶等方面取得了显著成绩。我校美术校本课程主要有美术鉴赏、素描、色彩、速写、版画、书法和摄影等。

1. 美术校本课程的开展和实施情况

（1）加强艺术教育管理

① 成立艺术教育领导小组，为艺术教育保驾护航。学校成立以校长任组长，分管副校长任副组长的艺术教育领导小组，全面负责美术教育工作。领导小组定期召开专门会议，研究制定美术教育管理制度、实施方案，并将艺术教育纳入学校长远规划中。教务处定期研究美术教育计划、组织检查、指导美术教育工作，并保证资金、物资到位，保障艺术教育工作有序进行。领导小组成员定期进行艺术课检查和指导，每学期听课均在12节以上。

② 整体规划，明确职责，完善制度，为美术教育提供保障。学校设立美术科组，并制定了多项美术教育工作制度，如《美术室管理制度》《摄影社团活动制度》等，每项制度均具有很强的操作性，能很好地贯彻落实，从而保障了美术活动的顺利开展。

（2）加强美术课程教学管理

① 保证美术课程落实，提高美术课程课堂教学质量。我校严格执行课程设置，开足开齐基础年级美术选修课和美术类兴趣课；重视美术教育在相关学科中的渗透，并在语文、数学、英语等学科中有目的地进行小品排演、课本剧表演、英语故事表演、英语演讲、朗诵等的尝试，着力营造校园文化艺术氛围。充分运用现代化教学手段进行教学，每学期每人要上一节汇报课进行交流。校领导定期检查美术课教学工作，并开展教研活动，在制订学校考核奖惩规定时，设立美术活动奖。

② 学校成立美术教研组，立足教材实际，定期研讨单元教材。每周一次

开展集体备课，向课堂教学要效益。学校每学期都组织各班级做问卷调查活动，及时做好跟踪改进工作。

（3）不断加强美术教育资金投入，完善艺术教育设施

① 加大美术教育设施建设，改善艺术教育教学条件。2013年搬到新校区后，开辟了岐山楼整幢楼约5500平方米作为艺术楼，美术（一、二、三层），为美术教学购买了道具，专业教室全配备空调，从而为艺术教学的进一步发展提供了有力的物质保障。

② 美术教育专项经费逐年提高。学校加大美术教育经费投入，近几年来，美术教育经费逐年增加。学校鼓励艺术教师积极参加各级各类培训，全额报销培训费用，逐步提高了对艺术教师的奖励力度。

2. 美术教育成绩显著，硕果累累

近年来，我校艺术师生专业技能不断提升，学校的艺术教育深受社会好评，在全市发挥了龙头示范作用，师生在各级比赛中硕果累累。

（1）教师教育教学业绩突出

黄早瑾被阳江市美术家协会评为优秀学员；在参加阳江市第六届中小学生（幼儿）艺术展演活动中，荣获优秀指导老师奖。

谭天国荣获广东灌浆岛路桥新技术发展有限公司奖教基金奖；在参加阳江市第六届中小学生（幼儿）艺术展演活动中，荣获优秀指导老师奖。

黄广葵美术作品《小城》获得"首届广东省美术教师作品展"二等奖；被阳江市授予"阳江市优秀教师"荣誉称号；在参加阳江市第六届中小学生（幼儿）艺术展演活动中，荣获优秀指导老师奖。

冯硕水彩作品《餐边》入选2019年广东省第十五届美术书法摄影联展。作品《静物》获阳江市教师美术作品优秀作品奖。在参加阳江市第六届中小学生（幼儿）艺术展演活动中，荣获优秀指导老师奖。

阮钟2019年2月作品经《美术教育研究》杂志专家评审，特授予优秀作品一等奖；2019年3月荣获2018年度阳江市优秀文艺工作者称号；在参加阳江市第六届中小学生（幼儿）艺术展演活动中，荣获优秀指导老师奖。

刘永东在参加阳江市第六届中小学生（幼儿）艺术展演活动中，荣获优秀指导老师奖。

戴奕俊在参加阳江市第六届中小学生（幼儿）艺术展演活动中，荣获优

秀指导老师奖。

陈琨琨在参加阳江市第六届中小学生（幼儿）艺术展演活动中，荣获优秀指导老师奖。

黄广葵、谭太强、戴奕俊、陈琨琨等作为青年教师，谦虚好学，并迅速成长起来，多次参加省、市各级教研部门组织的教学研讨活动。

（2）学生艺术比赛成绩显著

学生在参加省、市的比赛中，有多人获奖，如参加阳江市第六届艺术展演活动荣获中学组的一、二、三等奖，其中绘画类一等奖12人，二等奖9人，三等奖4人；摄影类一等奖5人，二等奖2人；书法类一等奖3人，二等奖4人，三等奖4人。

（3）美术高考成绩斐然

我校艺术教育历史悠久，高考成绩斐然，是我市普通高中特色办学中的一个响亮品牌。一分耕耘，一分收获。近几年来高考美术类考生黄齐城、杨子奇等被清华大学美术学院录取，黄晓光、李雨凝等被中央美术学院录取，蔡惠怡、张剑云等被中国美术学院录取，梁圣浩等被广州美术学院录取，等等。2019年我校美术高考又有新突破：美术生在广东省联考中专业成绩过重本有40人，本科以上有105人。术科本科过线率位居全市同类学校首位，美术类考生成绩显著，深受社会好评。

3. 我校开展艺术教育工作的设想

艺术教育是一项长期而艰巨的系统工程，我们将在新的教育理念指导下，深化艺术教育改革，优化育人环境。把加强艺术教育，作为培养学生创新精神和实践能力的系统工程来抓，以此推进我校艺术教育向纵深发展。

今后，我们将从以下几方面寻求艺术教育新的突破：

（1）加强对艺术教育工作的领导，进一步完善艺术教育规划、实施方案和艺教工作规章制度，使学校的艺术教育工作更加科学化、规范化、制度化。

（2）加强对艺术特色项目工作的定期研究和检查，逐步增大对艺术特色项目的投入，加快对艺术专用教室的改造，充实艺术教学的器材、设备和资料。

（3）加强对艺术学科教师的培训，逐步形成一支事业心强、业务水平高，能适应学校艺术教育需要的、稳定的艺术教育师资队伍。

（4）加强与艺术院校进行结对帮扶工作，继续聘请专家、校外辅导员来校进行专业指导。加强与其他学校、各专业协会的交流与合作，实现各方共建，资源共享，打造特色品牌，创建独具特色的艺术教育建设体系，为我校艺术生的写意人生创造更加精彩的明天。

附：生动教育实践课例

高中书法（社团）校本课程开发及教学实施

一、课程背景

书法是中华民族的文化瑰宝，是人类文明的宝贵财富，是基础教育的重要内容。汉字的形体结构蕴含着极其丰富的民族智慧，体现了我国古代劳动人民的无限创造力。书法教育可以激发学生的民族自豪感和自信心，培养学生的爱国情怀。书法将汉字的表意功能和造型艺术融为一体，有着悠久的历史和广泛的群众基础，体现了书法艺术的博大精深，书法教育可以提高学生汉字书写能力，培养学生高雅的审美情趣，陶冶学生高尚情操，提高学生的文化品位，促进学生性格、气质、情怀等内在品质的提升。

二、课程目标

（一）总体目标

传承民族优秀传统文化，规范书法课程开设，严格训练和提高学生汉字书写能力，规范汉字笔画、笔顺和字形，提高优美汉字的结构布局能力，养成学生良好的书法习惯，培养学生的书法艺术特长，陶冶学生美的情操和审美能力。

（二）具体目标

1. 进行校本课程开发目标调查分析

根据实际，进行校本课程开发目标调查分析，立足我校实际情况，确定课题以学习传统的经典文化为主导思想。调查和分析后得出：

（1）教师资源——我校有一支热衷书法艺术的教师队伍。

（2）学生资源——我校有一批喜欢书法的学生。多年来，一直坚持练习书法，并热心参加各种书法大赛，经常获奖。

（3）学校大力支持。我们决定开发书法社团教育校本课程。

2. 书法（社团）教育校本课程的性质和理念

"书法教育"校本课程是以学校学生社团为对象，以提高学生技艺和书法鉴赏力为主题，以培养学生综合能力为重点，以全面提升学生人文素养为核心的学校课程。该课程以"书法社团教育"为特色，以学生实践活动为手段，以学生临摹训练为方法，以学生教师示范为主导，培养学生的民族文化情节、创新精神和人文素养。实施"以校本课程——书法教学为载体，打造书香特色校园"的策略，倡导"写好中国字，做好中国人""墨韵飘香伴我成长"的理念，促进学生多方面的发展，弘扬书法艺术，提高审美情趣，丰富校园文化生活。

3. 书法（社团）教育课程目标

（1）《爱国主义教育实施纲要》中指出："要进行中华民族优秀传统文化教育"和"进行中华民族悠久历史的教育"。通过学习书法，学习认识到中华文化的丰厚博大，主动吸收民族文化智慧和人类优秀文化的营养。书法不仅是我国民族文化遗产中一颗璀璨的明珠，而且还是"世界公认的最高艺术"（沈尹默语），学生充分认识书法的艺术价值和实用价值，认识到学习和继承书法艺术的重要意义，增强了热爱祖国语言文字的情感，增强民族自尊心和自信心。

（2）掌握书写的基本方法，达到书写"规范、端正、秀丽"的要求，在此基础上学会"书法技法"，提高学生临摹能力及创作水平。

（3）通过书法教学，培养学生良好的道德情操、审美能力，使学生养成认真细心的学习态度和良好的意志品质；开发学生的智力，培养学生的注意力、提高学生的观察力、分析力、语言表达能力和综合评述力；等等。书法练习讲究姿势，使人身体各种器官都得到了相应的锻炼，促使学生身心健康。总之，做到"书艺育德，潜移默化；书艺育智，健全人格；书艺育健，全面发展；书艺激情，张扬个性"。

三、书法（社团）教育课程的设计

1. 课程以毛笔书法教学为主

书法教学以高一、高二学生为主要实施对象，以社团为上课形式，每周安排1课时毛笔书法课程，以课外兴趣为主将教学内容分为书法技法、书法知识和实践活动三大块。

2. 教材特点

（1）我们采用《楷书入门》《隶书入门》为校本教材，然后逐步过渡到《行书入门》，自主编写教材，尽量做到由易到难，循序渐进。学书法不能追求急功近利，要心平气静练习，用心去感受。既要充分激发学生学习书法的积极性，又要遵循规律，结合学生的认知水平，联系学生的实际，给予正确恰当的引导，对学生取得的每一点儿进步都要及时给予鼓励。

（2）提供范例触类旁通，设计新颖省时高效。清代康有为讲过："书法之妙，全在运笔。"可见笔法是书法中关键的技法。即使高中生因课业负担重、时间紧，也要从一笔一划学起，必须从笔法练习抓起，养成正确的练习方法，然后再练习字法。我们在编写教材时便将"字的间架结构"作为练字关键，对入选教材的范字进行了精选，做到归类贴切、要诀提示，以强化记忆。对范字进行练习指导，使学生达到对同类字的触类旁通，对练习的同一类字有较强的记忆痕迹，便于自学巩固，达到无师自通之目的，达到事半功倍的练习效果。

（3）描仿临摹发展个性。教材以中国书法艺术研究院专用教材《颜真卿颜勤礼碑》《曹全碑》《王羲之圣教序》为范本，使课程规范有效。从已有经验积累出发，让学生先练笔法，再摹，临摹或练习双钩书法。在后期编写的教材中，将成语或诗句作为训练材料，以达到互补提高的目的。

（4）欣赏激趣加强美育、教学相长易操作。为防止枯燥乏味的练习而导致学生厌学情绪的发生，教材中不时穿插一些优秀作品供学生欣赏。一方面激发学生练字兴趣；另一方面让学生潜移默化地接受美的熏陶，充分体现书法写字教育既是美育、也是情育、更是心育的理念。该套教材能充分体现编写者的意图，执教的教师可从教材中体会到该如何合理、科学地指导学生练习。学生也可以从中领悟到自学与接受辅导的真谛，从而起到教学相长的目的。书法课程不同于一般的学科课程，它更注重学生的兴趣、认知水平，因而在设置上更应有一定的针对性与实践性。我们遵循由浅入深、循序渐进的原则，做到每个阶段形式上有变化，避免千篇一律的程式化模式。

四、教学策略要求

1. 养成教育贯彻全过程

"潜移默化书艺育德，健全人格书艺育智，全面发展书艺育健，张扬个性书艺激情"，养成教育贯彻全过程。

2. 统一规范，读帖与临帖相结合、书法与书道结合

我们把书法作为校本社团课程，定教时、定教师，倡导"三"字要求：读帖，要求"三读"——读懂内容，读懂笔法，读懂间架结构；悟理要求"三悟"——"字如其人"，悟字品如人品，悟思想感情，悟做人道理；临摹要求"三要"——要动脑想，要动手写，要学做人；严过"三关"——笔姿、坐姿、写姿关，基本笔画技法关，良好行为习惯关。在教学中，教师要教育学生习书法、树人品，以德树人、规规矩矩写字、认认真真做事、堂堂正正做人，凸现"写好中国字，做好中国人"的教育主旨，使学生终身受益。

3. 普遍要求与分类指导同步推进

书法社团兴趣小组的学生基础不一、发展水平有差异，需要教师为他们设置不同的教学目标，分类指导，分层次地不断提升他们的书法素养，使他们的写字素养呈现应有的不同层次的发展水平。

4. 细化教学过程，优化教学方法

我们的书法教学环节大体为"分析笔法→分析结构→示范引路→学生练习→比较点评→巩固记忆"。毛笔书法教学，不同于其他学科的教学，是示范性很强的艺术教学，因此提倡小组合作——打破传统课堂的排排坐的位置，把课桌连起来，以小组为单位，以交谈式的教学方法为学生示范练习、分析，讲解笔画的技法运用，使学生清晰地看到每笔的起笔、行笔、收笔，提按顿挫，以便熟记于心。教师要做好示范作用，在教学过程中激发学生用心模仿的主动性，学着和教师一样把每一个字写得正确、端正、匀称，养成良好的书写习惯。

五、书法(社团)教育校本课程的管理

1. 书法教育师资队伍的建设

书法教师的书法素养决定了书法校本课程开发的程度，我们采取"走出去、请进来"的方式不断提高教师书法专业水平。聘任校内外已具有相当书法水平的教师担任指导老师，在此基础上，对其他科任老师进行一定的培训，逐步引导全体教师参与校本课程的开发中，以建设一支高质量的书法教师队伍。

2. 建设"三位一体"管理体系

管理体系是各项工作顺利实施的保障。社团校本课程的管理网络包括学校管理（教导处、教研组）和社团管理，确保社团校本课程在学校中的主体地位。由社团统一安排课程，定练习时间、内容，统一进度；教研组负责教学辅助资源的开发；鼓励学生"人人学书法"，开展活动，以社团带动班级，做到班班有特色、项项有成果。

3. 构建环境，让书法艺术沁入人心

让书法艺术弥漫在校园的每个角落里，陶冶学生的情操，而且还会在校园里创设一种墨香氛围与之相适应显得尤为重要。

（1）"书法"内涵的开发。利用每周一次的书法课让书法社团进行书法技能的训练，让学生注重落笔的轻重，结构的疏密，运行的缓急，气势的强弱，形成良好的书写习惯，掌握汉字书写的规律，提高对书法的浓厚兴趣。可以利用校园广播系统定期播放有关书法的短片，让学生了解书法渊源和字体演变，了解中华民族的历史及灿烂的民族文化，增强民族自尊心和自信心。通过演讲等形式让学生讲述古今书法名家的生平事迹或轶闻趣事，引导学生向书法家学习。

（2）"书法"教育形式多样化。不定期邀请校外辅导员到校举办讲座、现场指导学生写字和欣赏书法作品，促进学生审美情趣的提高。每学年开展1至2次校级书法竞赛活动，评选校园"书法之星"，举办校园书法展览，为学生书艺发展提供交流的平台。

（3）组织书法爱好者参加各级各类书法竞赛活动，以竞赛活动促进每个学生书法能力的提高，让学生在多次的获奖中体会到书写的快乐与成功的喜悦。还可以将书法与生活联系在一起，鼓励学生在春节期间为邻里乡亲书写春联，让他们在感受传统文化的同时，有施展自己才能、享受成功体验的机会，提高书法技艺，提高人际交往能力。

（4）联合社会力量，共同营造书法育人的氛围。在"文化节"或传统佳节期间，以书法为载体促进学校与社会各界的沟通，共同打造良好的书法育人环境。

六、书法社团教学过程中存在的一些不足之处（教学反思）

通过几年来的社团生活，让我真正地体会到办一个社团不容易，办好一

个社团更不容易，我清醒地看到社团训练中还存在许多的不足，在今后的训练中，务必采取切实有效的措施，加以认真研究和解决。

首先，书法学习比较枯燥乏味，在练习的过程中，部分同学学习书法积极性不高，自觉性比较差，不能较长时间地集中注意力。在今后教学中，还得想一些办法来调动学生的学习积极性、主动性。

其次，学生到位的情况不是很好，部分学生因文化课作业没做完等原因总不能按时参加训练。其中，每周周四，我又要进班辅导，又要参加教师会议，时间十分紧张，进书法社团时间仓促，加上有一部分学生也会参加其他社团训练，难免学习书法时间不足，给学习书法带来一定的影响。在此，希望全体教师大力支持，共同配合做好此项工作。

摄影小组课程开发及教学实施

为了更好地实施新课程改革，顺应课改需要，进一步推进素质教育向纵深发展，发展学生业余兴趣，使学生在学校不仅能学到科学文化知识，而且能适应社会的发展，从而一步入社会就能够成为社会有用的人才，我校特地开办了摄影兴趣小组，旨在营造良好的校园文化气氛，丰富学生课余活动，培养学生兴趣爱好，给摄影爱好者建立一个相互学习，交流摄影心得的平台，引领学生个性化全面发展。摄影兴趣小组活动计划如下。

一、指导思想

素质教育要求培养学生全面发展，摄影作为一种现代文化技术，需要光学、电子、美术、新闻等综合知识，是现代人必须具备的一项基本素质。开展摄影兴趣小组，丰富校园文化生活，能更好地落实新课程改革，对学生进行更为专业的培训与引导，从而培养学生良好的兴趣和爱好，开发学生的潜能。兴趣小组作为课堂教学的补充和延伸，与课堂教学相比更具灵活性、可塑性，因而学生非常乐意参加。兴趣小组在培养学生兴趣、爱好，增长知识、提高技能、丰富学生的课余文化生活，以及在为今后培养摄影人才方面有着积极推动的作用。

二、教学目标

帮助学生学习摄影技术，产生积极的学习态度、方法、价值取向。学生通过对摄影基本知识和技术的学习，能较为完整地表现自己的构思，理解摄影是一门定格真实影像瞬间的技术，摄影的魅力在于用镜头去体验社会、人生，去发掘自己和他人的内心世界。

三、活动要求

（1）考虑各年级段学生学习能力的差异，摄影兴趣小组成员由本校爱好摄影的学生组成，自愿参加兴趣小组。学生自觉遵守校规、校纪，热爱集体，积极上进。

（2）活动时间为每周二下午课外活动时间，小组成员必须准时到达指定教室或活动场地。

（3）小组成员应严格遵守纪律，不准在教室大声喧哗，不准做与摄影学习无关的事。爱护教室内的公共设施和用品，保持教室内的环境整洁。

（4）每次教师布置的作业，学生都应该按时完成，到户外拍照要遵守纪律，不得离开教师指定的地点。

四、相关准备

（1）学生自备数码相机和电脑设备，掌握设备的基本操作技能，掌握简单的图片处理技术和网络传输技术。

（2）学校摄影室是小组集中交流活动地，小组建立摄影兴趣小组交流网站和QQ群。

五、活动方式

（1）学习摄影基础知识，教学采用理论教授和实践练习相结合的方式。摄影兴趣小组主要以"理论讲座"和外出采风方式开展活动。每次活动后让学生拿出自己的作品参展，期末评选出最优作品并颁奖。

（2）到户外进行拍照或利用节假日以及学校的一些活动进行摄影练习。采用小组活动和个人自主活动相结合的方式，不定期组织专题摄影活动或摄影采访活动，以本校学生校内外生活为主要题材，鼓励小组成员经常拍摄班级课内外活动并向各校园网投稿，同时关注发生在身边的其他各种人、物、事，在更广阔的时空范围开展摄影实践。

（3）布置一周的拍摄任务，并以电子稿的形式展示给学生。让学生在下周上课时阐述自己的拍摄手法，拍摄时遇到的困难，想要表达的思想以及采用的构图形式和艺术表现形式。教师与学生参与讨论，表扬优点，指出不足。

（4）定期举办摄影展览，交流、回顾、总结学习成果，为同学们提供表现自己实力，增强自信心的舞台。教师精心指导，严格把关。学生大胆尝试，用心拍摄。作品在校内展出，起到了示范作用。

六、课程设置

（1）摄影基础知识。

（2）摄影器材介绍。

（3）人物、风光拍摄技巧。

七、活动时间

每周二下午第三节课为活动时间，外出采风一般定在周末，具体活动时间根据活动内容所定。

八、活动地点

讲座均在学校阶梯教室内，外出采风根据课程的设置和当时的环境确定。

九、课程内容

活动主讲：黄早瑾、冯硕。

助教：李佳欣。

具体课程内容如下：

（1）照相机的类型、结构及附件，照相机的基本术语。

（2）镜头分类及应用、对焦技巧、景深控制。广角镜在使用中的特点和效果，长焦镜头在使用中的特点和效果；景深三要素，单点对焦技巧、选择对焦点、智能对焦，运动物体对焦技巧、追拍技巧。

（3）数码相机的主要性能与技术指标。图像格式、分辨率、图像插值，色彩模式、色彩空间，白平衡调整、白平衡应用、相当感光度理解及应用，数码相机直方图解析，数码相机其他功能使用及优化技巧。

（4）测光原理、曝光控制。影响曝光的各种因素，等量曝光，曝光补偿，EV设定值，曝光修正，确定正确曝光的其他因素，手动曝光，光圈优先，快门优先，程序自动P曝光，平均测光，中央重点测光，点测光。

（5）闪光灯摄影技巧。闪光灯应用基础，直射闪光摄影在使用中的特点和效果，透射闪光摄影在使用中的特点和效果，反射闪光摄影在使用中的特点和效果，闪光灯应用其他技巧。

（6）摄影构图技法。摄影画面的构成要素，摄影构图基本法则，常见的构图方式，构图外拍实践课。

（7）室外环境人像拍摄技法。人像摄影的特点，人像摄影的基本步骤，环境的选择，背景的处理，交流和引导被摄者，人像摄影人物安排和构图，姿势和造型控制，神情动态的抓取，光线的运用、影调的处理。

（8）风光摄影技巧。风光摄影构图法则，风光摄影用光，风光摄影曝光技巧，风光摄影对焦技巧，雾景摄影技巧，雨景摄影技巧，日出、日落摄影技巧，全景风光接片拍摄技巧。

（9）夜景摄影技法。夜景人像摄影，夜景风光摄影，夜景特技摄影，夜景摄影其他技法，夜景外拍实践课。

（二）音乐舞蹈校本课程

概括地讲，校本课程有两方面的含义：其一，为实现教育目的有组织、有计划编制的教育内容，它是用于指导学生学习活动的课程文本，如课程标准、教科书、教学参考书等，属于静态的课程；其二，由教师设计和在教师指导下出现的学习者学习活动的总体，它是在课程实施过程中生成并不断发展的动态课程。音乐课程教学就是以静态课程（《义务教育音乐课程标准》和音乐教科书等）为文本，通过教师的创造性设计、课堂上的师生互动，尤其是学生的创造性活动，师生共同创造、不断生成内容，以完成学习任务的教学活动。因此，音乐生动教育既体现了静态课程的生动，也体现了动态课程的生动。

长期以来，在普通学校音乐教育领域中，普遍存在着一些误区：

（1）音乐教育只关注其外在价值，特别是辅德价值，而忽视内在和本质的价值，忽视审美体验。

（2）音乐教学内容过于随意，课堂内容分割太细，缺乏整合，课堂教学方式单一，在引导学生创新方面不足，学生的学习热情不高。

（3）过于注重学生知识技能的传授和训练，课堂的趣味性不足，教学效率低，形成学生喜欢音乐但不喜欢音乐课的普遍现象。因此，打造生动的音乐教育课堂，培养学生浓厚的音乐兴趣，十分重要。

"以学科为本""以知识为核心"的课程观正在被"以人为本""以学生为核心"的课程观所替代。在这种新的课程观的导向下，基础教育课程体系中进一步凸显了艺术教育课程的必不可少的重要地位，音乐课程在其特有的性质和价值取向的基础上，以全新的面目呈现出来（参见《义务教育音乐课程标准》）。如何在教学实施过程中实现音乐课程的价值和目标？如何在新课标的理念下建立自身的音乐课堂体系？怎样通过生动的教学实践来解读音乐新课程？已成为摆在音乐教育工作者面前迫切要解决的问题。

基于上述的理解，我们学校音乐科组教师在校领导的支持和指导下，认真学习新课标，积极进行课堂教育教学改革，立足学科特点，结合学校实际，开设了《声乐教学》《合唱训练》《民乐训练》《乐理视练》《舞蹈训练》等校本课程。我们从理念、目标、内容设计、评价方法等方面做了深入的研究，使课程既适应新课程标准，又突出生动教育的内涵；既重视静态教学内容的生动，又注重动态教学过程的生动。实践证明，我校的音乐校本课程行之有效，教师的教学改革效果显著。近年来，我校开展的生动教育音乐舞蹈校本课程主要有声乐、合唱、民乐、乐理视练、舞蹈等。

1. 生动教育校本课程之声乐

（1）课程开发的意义与目标：科学发声，用心演唱

声乐艺术是一门知识性与实践性相结合的学科。这是一种以声音为媒介，融合文化修养、心理素质和歌唱技术的艺术形式，通过教学，可以使学生的呼吸、共鸣、发声器官与良好的生理状态以及对音乐准确表达诸多影响声乐的因素能得到配合和协调，从而让学生达到歌唱的最佳状态，体现学生综合素养。

声乐的整体教学方法，不仅包括音乐的发声技巧，还包括歌唱的整体结构、艺术形象、情感表达等方面内容。通过运用整体教学法，可以提高歌唱者对气息的控制、共鸣的控制、音色的锤炼、字正腔圆的把握以及艺术的表现能力等。很多人都用"用心来唱"来形容一个人的唱歌，一个对音乐没有心理感受的人，是无法表达出作品中蕴含的情感和音乐的内在美的，又如何能唤起观众的审美感受，所以培养艺术修养是一个歌唱者成功的关键。

（2）课程教学计划与实施

声乐艺术随着时代的发展也在不断地发展、更新其内容。现代的声乐艺术范围比较广，包括语言、旋律、声腔、器乐、动作许多与之相联系的概念，当然与之相应的声乐教学也应该是一个对学生声乐技巧、艺术修养、心理素质等综合能力进行全面培养的过程。

我们采用一对一和小组课的形式来上课，有针对性地进行教学。定期进行观摩、学生之间互评，这样既可以互相促进，又可以训练学生对声乐的听辨鉴赏能力。

（3）课程的教学内容

① 演唱技能：每个人的生理条件不同，嗓音也有差异，在声乐教学中整体训练会有一定的难度，它包括歌唱呼吸的整体训练、歌唱语言处理、歌唱心理的训练等。因此练声一开始，我们要求发声的过程中，呼吸、共鸣、吐字，要同音乐结合起来，即练声也要有良好的乐感。

② 文化素养：文化素养的培养包括高尚的品格、广博的知识和丰富的生活体验。我们声乐教师对学生的教育应该努力追求真善美，鼓励学生做一个积极开朗、爱憎分明、善解人意、热爱生活、热爱生命的人，使自己的人格变得崇高。人品高了，艺术观、审美观就有了品位，歌声才能打动人心灵，震撼人的灵魂。当一名声乐学生学到一定程度之后，如果没有较深的文化修养，就会感到很多东西理解不了，很难继续学下去了。现实生活中这样的例子比比皆是。只会发声练习，加上歌词、旋律和伴奏就唱的人会将歌唱得面目全非，永远不能登上真正的舞台。要培养学生的文化素养，我们应该指导学生从了解歌曲作者背景与艺术历程，了解歌曲的艺术风格，包括个人艺术风格、地域风格、时代风格和流派风格等。文化修养是声乐艺术的灵魂，只有努力吸取人类文化的营养，才能达到触类旁通，获得灵感。

③ 情感的表现：歌唱是一种富有情感的艺术，是以声音为工具的人类精神唤醒及生命升华的展开形式，充分体现了人类情感表现的自我创造与追求，是情感的美化和升华。因此，如何激活歌唱学习过程的情感心理，自然成为声乐教学的主要内容。一首好歌，它的词曲终究只是写在纸上无生命力的东西，要靠歌唱者创造性的劳动，才能将它唱活。一个好歌手能用自己的生活经验、文化修养和丰富的想象力，对歌曲进行细致的分析，在体会歌曲内容与情感的基础上，进行加工，用深切的感情，充沛的激情，咬字、吐字、共鸣、用气，精巧装饰等声音技巧，将歌曲内容深刻地、有特色地表达出来。当我们教授声乐课时，可以在歌唱前先让学生充满激情地朗诵歌词，同时这也是体会和酝酿感情的过程，体会歌词的内容和词作者的情绪，使用抑、扬、顿、挫的声调和字的喷口力度，形成自如生动、富有感染力的语气。在此基础上，可以鼓励

学生把握歌唱内容所要求的总体形象，在脑海里形成"内心形象"，从内心视觉、听觉上感受音高、节奏、发音及内容表达的理想效果，引导学生感受音乐，表达情感，积极地投入歌唱——"以情带声"地歌唱。它就好像讲故事时的高低起伏、抑扬顿挫。

（4）课程效果

通过整体教学，可以培养学生的演唱技能、文化素养和情感的表现，从整体上提高学生的素质和艺术水平。

2. 生动教育校本课程之合唱

合唱是歌唱模块当中重要的实践活动和教学形式。合唱是一种用人声音色编织起来的立体艺术，合唱这种艺术形式代表着一个国家民众的文化艺术素质，它的最大特点是人与人之间的默契协作，它是一个个人服从集体、个性服从共性、群体服从指挥、指挥服从音乐的复杂调节过程。合唱本身具有强大的凝聚力，对培养学生的集体主义荣誉感和团结精神，具有不可忽视的积极作用。

（1）积极构建校本生动合唱课程

在学校领导的大力支持和科组教师的共同努力下，我校组建了合唱团。合唱课程的内容包括基本乐理知识、发声训练、音准训练、节奏训练、咬字与吐字训练、合唱表现训练、合唱曲训练。在教学过程中，教师充分发挥主导作用，启迪学生思维，激发情感，调动学生的学习积极性，通过多样化的合唱教学实践活动，让学生全身心投入合唱活动中。生动活泼的合唱教学，激发了学生的学习兴趣，使学生在合唱活动中尽情地体验音乐的美，感受音乐的魅力，并能大胆地表现音乐。

（2）根据学生实际采用合适的教学方法

合唱教学区别于其他学科，合唱是音准、节奏、声音、咬字吐字均要协调统一一门的声音艺术，对合唱者有着较高的要求。教学的难点在于合唱教学需要全部参加歌唱的人有极强的配合能力。但是，当前很多高中学生的合唱水平依然处于前期阶段。据有关统计结果显示，中学中有95%的学生不识简谱，更谈不上认识五线谱，这对合唱教学的开展具有巨大的阻力。

合唱技能的学习不是一朝一夕就能成功的。因此，为了让学生对合唱课堂长期保持参与的热情，合唱教师在平时的教学中应根据学生的实际情况采用合适的教学方法，循序渐进、有计划地进行生动的合唱教学。

在合唱训练过程中，首先训练学生学习正确的发声方法，养成良好的歌唱状态。针对学生普遍存在的气息浅、吸气抬肩等错误呼吸方法，教师采用了由易渐难的方法进行练习。

为了激发学生的学习热情，教师适当运用了生动的比喻去让他们理解或模仿，同时加入一些肢体律动，加深歌唱体会。还节选了一些耳熟能详的旋律作为练声曲，如《花飞花》《送别》等。通过这些学生熟悉又简单易唱的旋律，逐步提高学生的视唱练耳水平，学生形成唱、听同步的能力，进一步达到声部间的协调。

（3）合唱团的组建

①招收对象：高一、高二学生。

②招收人数：50～80人。

③排练时间：分定期训练和非定期训练。

定期训练：每周二、周四下午5：00至6：00

非定期训练：因比赛或演出需要而定。

④排练地点：岐山楼4楼合唱室。

⑤合唱团管理：设立合唱团声部组长4人（男女高声部各1人、男女低声部各1人），负责各声部管理、考勤以及服装管理，及时了解反馈团员的学习情况。

（4）实施办法

①面向全校各班学生开展每年一届的合唱比赛，坚持音乐课程和合唱活动相结合，让更多的学生实现自己的音乐舞台梦想，并选拔优秀学生进入校合唱团，定期精心排练，确保精品合唱节目，以供观摩交流。

②通过生动的练习方式，增加学生的参与度。

一是加强科学的发声练习。

二是介入练习音准。游戏教学可以让学生更容易掌握音准。

三是音色统一，创造和谐。训练初期，多给学生们演唱一些运用轻声的作品，或者演唱一些风趣幽默的作品，来增强学生的兴趣，长期坚持这样训练，会使合唱的色彩更加和谐统一。

四是利用倾听感受音乐。让学生们通过总、分、总的形式相互倾听，丰富听力训练的形式，增强学生的兴趣，提高演唱的注意力。

（5）实施效果

我校每年"五四青年节"前夕都会举行校园班级合唱比赛，在我校开设合唱社团后，合唱比赛水平有了质的飞跃。因为合唱社团的学员在社团训练中学习了各种训练方法，对合唱的认知、审美水平大大提高，这些学员回到各自的班级时便能发挥较大的指导作用。另外，我校每年举行的"校园十大歌手"比赛中，合唱社团学员的参与度最高，并且总能获得优异的成绩。合唱对个人的音准节奏、音乐修养等方面有较高的要求，这也使合唱队员的独唱能力有所提高。

合唱近年获奖情况：

2016年6月参加阳江市中小学生（幼儿）合唱、器乐、舞蹈大赛荣获一等奖。

2017年6月参加阳江市中小学生（幼儿）班际合唱大赛荣获一等奖。

2018年6月参加阳江市第六届中小学生艺术展演荣获中学组声乐类一等奖。

3. 生动教育校本课程之民乐

（1）课程开发的意义和目标

通过生动的技能学习，充分调动学生积极性，让学生掌握一门乐器。新课程标准改革以来，随着音乐教育的深入发展，器乐教学已经逐渐普及，并被教育部列入义务教育中小学音乐教学课程规划。为丰富学生课余生活，提高综合素养，音乐素养类课程便成为提高中小学生艺术素养不可或缺的一门课。放眼望去，全市各大中小学校纷纷成立了合唱社团、舞蹈社团、管弦乐团、交响乐团，偏偏就是没有关于我国优秀传统器乐文化学习的器乐社团和民乐团。众所周知，二胡、笛子、中阮、琵琶、古筝这些传统的乐器有着深厚的历史渊源和广泛的群众基础。这些器乐所衍生出的优美动听的合奏曲，如《春江花月夜》《渔舟唱晚》《喜洋洋》《梅花三弄》等，都是表现中华民族各地儿女深厚的音乐文化底蕴，体现我们价值观和艺术审美的重要象征。

在学校成立民乐团，是一个以美育为途径、以器乐为教学纽带，融合学校教育、教学、管理为一体的体现学生综合艺术素养的生动教育课程，是我校作为艺术类示范学校的特色之一。

（2）理论阐述

民乐团是中国现代发展出的一种以中国民族乐器为基础，通过学习西方交响乐团的编制而成立的乐队类型，在中国内地称为民乐团或民族乐团，在香港称为中乐团，在新加坡称为华乐团。优秀的民乐团分布在世界各地的华人地区，以各种各样的方式传承优秀的中华国乐。

民乐团一般分为吹、拉、弹、打四组。除了以拉弦的胡琴相对应交响乐团的小提琴、中提琴，还引进西方的中提琴、倍大提琴加强低音声部。此外以唢呐和改进过的扩音笙代替铜管和木管，在打击乐方面用了定音鼓和小军鼓等西洋乐器。相较西方交响乐团而言，最大特色在于中国弹拨乐器（阮、琵琶、古筝、扬琴）的大量使用，以及大量的中国传统打击乐器的使用。一般而言，民乐团有2种编制。一种是60人上下编制的乐团，演奏大型合奏曲和协奏曲，称为大型民乐团；一种是30人上下编制的乐团，演奏传统丝竹乐或小型合奏曲，称为中型民乐团。我校成立的就是中型民乐团。

（3）课程开发实施方法

充分利用器乐教学的互动性，进行生动的教学。民乐课程的开发是为了充分尊重和满足学生的需求，在实际的学习和排练中始终以学生的需求为根本。课程开发要照顾到学生的心理特点，课程要丰富多彩、充满吸引力。还要充分发挥高中生的自主学习能力，利用好合作学习的方法。在校本课程的学习中还要考虑学生的层次性、差异性，既要强调面向全体，也不能忽略个人能力的培养，让不同学生的需求尽量得到实际的指导。

（4）课程实施效果

采用生动的教学模式和各种形式让学生得到实际操作技能与舞台上的锻炼。我校每年都会有传统优秀社团展示周，我们把乐团的课堂教学拉到社团展示周的露天舞台上，以快闪的形式，让大家耳目一新。通过现场教学，给在场的同学普及乐团的各类乐器知识。

每年的校庆、五四合唱节、中外学校交流等活动。民乐团都可以作为一块文化的招牌，在各个舞台上展示我校传统教育的成果。2019年的116周年校庆活动，我们民乐团演奏《我的祖国》响应了中华人民共和国成立70周年爱国主义教育，得到了校内外的一致好评。开展爱国主义歌曲的学习和演奏，让同学们在音乐中培养了爱国情怀。我们从各个方面努力提高学生各方面的综合素质，加强他们的艺术修养，让两阳中学走出去的学子成为一个个不一样的人。

从最开始组团到现在，我们民乐团已组织了一支中型民乐队。一开始，同学们完全不懂乐理、看不懂谱子。在教师的辅导下，他们进步很大，每个学期基本能完成我们的课程目标，有演出任务时，也能顺利完成。在这个过程中，学生克服了学习困难，增加了学习自信心，培养了团结协作的合作精神。民乐团建立之初，依靠的是教师的力量，下一步我们要发展学生自我管理能力，培养社团声部组长的带头作用，让社团一步步向教师指导、学生自主管理的模式发展。我们相信再有几年，我们的民乐团一定会发展成一支趋向成熟的中学生高水平民乐团。

4. 生动教育校本课程之乐理视练

（1）课程开发的意义与目标：激发兴趣，生动教育

乐理与视唱练耳是培养音乐专业基本技能的基础课程，我们将基本乐理和视唱练耳整合为一门课程。课程的内容包括：基本乐理知识、识谱，认识和理解各种音程与和弦、调式音阶与调式调性；对学生进行系统的视唱训练、听音训练；发展学生的音乐听觉和记忆；积累音乐词汇；要求学生具备视唱、听音等方面的技能。

由于本课程是音乐专业较难的理论类课程，经常会让学生在学习过程中感觉难以理解，从而产生抵触与烦躁心理，对课程提不起兴趣。特别是在乐理教学中，有大量陌生的名词与概念，更有类似数学的算题方法，使教师与学生都进入枯燥的理论学习，纸上谈兵，使学生经常一知半解，在实际音乐作品中，不懂得怎么去运用乐理视唱练耳知识去解析鉴赏音乐。

因此，如何让学生对音乐理论课堂感兴趣，对乐理有更深刻生动的理解，对视唱练耳课富有期待感，是本课程研究的主题。

在学习乐理每个知识点时，我们精心设计每一个教学手段与内容，结合实际音乐特点与乐理的关系，让乐理不脱离音乐，不成为纯理论学习，激发学生学习乐理的兴趣。

在视唱教学中，我们特别注意选择优秀的视唱曲目，认真设计好视唱的钢琴伴奏，做好每一首视唱曲的分析，从音乐的角度出发，从艺术的层面去解析音乐，结合作品的背景，灵活设计教学手段，让课堂变得生动起来。

练耳课程中，听音训练时刻围绕音乐作品。为了体现生动教育，激发学生学习欲望，我们把音程、和弦、调式音阶、节奏节拍等知识与包括当红流行音乐在内的各种音乐实例结合起来激发学生听力的潜能，让学生学习如何根据各种音乐要素去分析鉴赏音乐作品。学生逐渐自主掌握鉴赏分析音乐的能力，初步形成完整的音乐鉴赏认识观。让耳朵养成良好的鉴赏习惯后，学生的审美能力提高，对艺术的美有了更深的体验，学生的人生变得更美好。

（2）课程教学计划与实施：理论学习中享受音乐

广东省的音乐统考改革后，乐理与视唱练耳由分开的两门笔试改为综合机考。我们将基本乐理与视唱练耳整合起来进行相互配合与促进的训练，结合生动教育的宗旨要求，特研究制订校本课程计划。

本课程以课堂讲授和练习为主，将理论教学和实践教学相结合，根据学生实际应用的需要，培养学生良好的听记能力，熟练掌握音乐基础知识。教学方法主要以体验法、感受为主，以钢琴、视频、实际音乐排练为主，同时以课堂的协作如二声部视唱、钢琴四手联弹、小合唱作为视唱课堂的课堂习题，激发学生学习欲望，做到生动化、具体化，让学生在学习乐理的同时享受音乐带来的愉悦。

在讲授基本乐理时，使其变成有声的、有音乐的乐理。在讲音程与和弦的时候，在钢琴上弹奏相关的音程与和弦，让学生有听觉的主观感受，增强对知识点的理解。我们结合实际的音乐作品，节选音乐作品的优秀选段来对乐理进行有趣的教学。例如，在讲解大四六和弦的时候，弹奏《故乡的小路》的旋律，熟悉的大四六和弦分解旋律，让学生更亲切地感受到大四六和弦的色彩与情感表达，使乐理课得到升华，并始终围绕着生动教育的目标。

视唱练耳课采取精心设计的钢琴伴奏，初期特别注重乐感方面的训练，在视唱与钢琴伴奏的良好配合下，营造艺术性与趣味性的视唱课堂氛围，激发学生对视唱课的热爱。

在视唱的基础得到巩固提高的前提下，把教学重心向练耳转移，着重训练学生的音乐听力。所有的训练计划均按照省音乐统考与各大音乐院校的校考考纲来设置，紧贴考纲的同时仍然保持课堂的趣味性与艺术性。

（3）课程教学的效果：生动教育的效果明显，成绩突出

视唱练耳与乐理的结合训练，让乐理课变得更有艺术性与趣味性，让视

唱练耳的训练有了更专业的理论支撑，极大地激励了学生学习乐理与视唱练耳的兴趣。通过高中三年的训练，学生在省统考与各大音乐学院的基本乐科考试中取得较好成绩。2019届高三同学在广东省音乐统考中，乐理与视唱练耳机考的平均分达到了90分，这是个很不错的成绩。

5. 生动教育校本课程之舞蹈

我们在舞蹈校本课程生动教育的过程中，通过有趣的舞蹈实践活动，激发了学生的学习兴趣。让学生在舞蹈训练、表演过程中，丰富情感，提高审美能力，进而促进人格完善；让学生在生动、自信、有表情的表演中，加强合作交流，既表现个体的水平，又体现群体的意识，增强集体主义精神；让学生掌握了一定的舞蹈基础知识；培养了学生动作的协调性、节奏感，使之获得感知、表现的基本能力，提高了对舞蹈的认知水平和审美能力。

（1）生动舞蹈校本课程的计划

我们的教学主要分两大部分：第一部分是生动舞蹈基础训练，包括身体的开发、舞蹈姿势和舞蹈节奏的训练；第二部分是生动舞蹈的创编，包括舞蹈造型和舞蹈动作连接。

（2）生动舞蹈课程实施方法

① 强化舞蹈审美理念。审美体验是在审美过程中产生的心理效应。在舞蹈教学的各项内容、各个环节中，应以情感人，创设艺术化的教学氛围，使师生共同感受美、表现美、创造美，从而丰富人的情感世界，培育高尚的情操和完美的人格。

② 激发巩固学习舞蹈的兴趣。兴趣是学生学习舞蹈的动力，它的产生与保持，取决于学习者是否能从舞蹈动作中获得美的享受和身心愉悦。要根据学生学习舞蹈的认知规律，增强舞蹈动作的贴切性与情绪性；要创设生动活泼的舞蹈教学环境，对学生所表现的积极学习行为给予赞赏和鼓励，使学生的学习兴趣不断生成强化。

③ 注重舞蹈的文化品位。舞蹈蕴涵很深的文化内涵，具有相应的文化价值。舞蹈教育要以舞蹈文化为主干，注重舞蹈教学内容的人文性与时代感，形成多元文化，达到传承民族文化，拓宽艺术视野的目的。

④ 重视实践。实践是培养舞蹈能力的基础。舞蹈教学中应激励学生主动地参加集体性、多样性、探索性的实践活动，并在活动中充分发挥潜能，获取

新的知识。

⑤ 关注个性发展。舞蹈属于提高性艺术教育。应充分发挥学生个性特点，让学生在舞蹈教学活动中获得自主的空间。

（3）生动舞蹈校本课程实施过程

① 教学中坚持正确的引导启发。在音乐与舞蹈的课堂中，我们将学生感兴趣的活动与游戏，跟教学目标和知识点对接，正确引导学生开启音乐与舞蹈知识的学习。我们运用气球作道具，设计出一个气球引导项目，启发学生用身体的各个部位、各个关节触碰气球，勇敢去创造不同的身体动作，并从玩球动作中提炼舞蹈动作与造型。学生在愉快尝试参与中，理解舞蹈的知识点，掌握舞蹈的技巧，获得成就感，培养了创新思维。

② 教学中活用互动教育方式。高中阶段，什么是学生感兴趣的？高中学生喜欢怎样玩？什么形式让学生感觉新奇又容易接受？在音乐与舞蹈的选修课上，将学生分组，不但对课堂管理有帮助，而且增强了团队的竞争和合作意识，学生更有凝聚力，参与意识更强，更有利合作能力的培养。显然，学生喜欢这样的形式。在教学中，合理运用道具也是一个好方法。我在课堂中每人分发一个气球。气球不但是学生喜欢的玩具，更是打开智慧的好工具。这个气球让学生明白了舞蹈动作语言的产生，也让学生懂得了舞蹈动作的连贯性。

③ 鼓励尝试参与竞争。一篇好的文章，要不断修改，同样，创造艺术作品，更要大胆尝试和改变。在音乐与舞蹈的教学课堂中，我们鼓励学生做自己能做的简单动作，再从不同空间，多角度对动作进行调整改变。通过不断的尝试，学生不但表达出高中生个性的张扬，而且创造出与众不同的舞蹈造型，还从思想上培养了积极进取的品格和参与竞争的意识。

④ 提供展示与表演的机会。每个人都具有一种自我表现的形式和要求，音乐与舞蹈是通过声音与肢体来满足人的这一需求的。学生很看重别人的看法，学生也喜欢教师肯定的评价。在音乐与舞蹈的教学课堂中，学生的学习过程，不能放任自流，而是需要加以引导，使学生能够通过音乐和肢体的多种表达来满足需要。这也释放了学生平时学习生活里紧张的心理压力，培养了学生浓厚的艺术兴趣，发挥了个人的艺术天分，教师也完成了解惑、授业和育人的教师职业任务。

105

（4）生动舞蹈校本课程成果显著

我们从教学中发现了不少有艺术天赋的学生，鼓励他们加入舞蹈社团和音乐社团，培养和发展艺术特长。吴婕桦、蔡丹丹和谢卓莹等多位学生就是这样培养起来，后来她们都走上了专业的艺术道路。

在舞蹈比赛中获得如下成绩：2015年，我校舞蹈《梦想起飞》获阳江市中小学艺术展演一等奖；2018年，我校舞蹈《找自己》荣获广东省第六届中小学生艺术展演一等奖。

总之，音乐舞蹈实施校本课程以来，师生共同进步，在以上领域中均获得良好的成绩。

① 教师获奖情况：

黄洁花老师：2017年指导两阳中学高二（11）班同学合唱曲目《时间都去哪儿了》荣获阳江市中小学生班际大赛一等奖；2017年获得阳江市"一师一优课，一课一名师"优秀课例一等奖；2017年12月获得广东省首届教师能力大赛三等奖。

陈小浪老师：2017年5月，指导学生节目《我爱你中国》获得第七届中国少儿小金钟音乐大赛阳江赛区声乐少儿组银奖；2017年12月，指导殷雅诗同学的《梧桐树》荣获第七届中国少儿小金钟音乐大赛全球总决赛声乐少儿组铜奖。

林家如老师：2017年指导学生参加阳江市中小学生（幼儿）班际合唱大赛荣获高中组一等奖。

谭晶华老师：2017年7月指导学生在广东省第十六届少儿小提琴演奏比赛荣获铜奖。

② 学生获奖情况：

蔡扬升：荣获"星计划"2017全国少儿才艺大赛少年组第二名，为全场专业分最高获得者；获2017年8月14日"开渔杯"2017年海陵区十大歌手大赛冠军；进入2018年元旦晚会暨第二届"昆仑彩印杯"合山好歌总决赛。

殷雅诗：2017年5月《我爱你中国》荣获第七届少儿小金钟音乐大赛阳江赛区声乐少儿组银奖；2017年12月《梧桐树》荣获第七届中国少儿小金钟音乐大赛全球总声乐少儿组铜奖。

陈亭君："星·计划"全国少儿才艺大赛阳江赛区总决赛少年组第一名。

（三）体育校本课程

体育校本课程的开发与实施，有利于培养学生的个性，充分发挥教师的特长，办出学校特色，给学校的发展、教师专业的提升以及学生个性的发展提供了新的更大的舞台。我校坚持以一切为了学生的个性发展为目标，充分利用学校现有的教学资源，开展校本课程的教学。

组织实施：成立体育校本课程领导小组。学校成立以校长为核心领导，教务处具体组织实施和指导，体育科组负责体育校本课程的总体策划、宏观调控及全面的研究和实施。教务处负责体育校本培训、检查体育校本课程实施、协调各部门的工作、安排教师上课，实施课程计划、对体育校本课程的研究和实施进行指导、评估、调查，分析学生对体育校本课程的需求情况及体育校本课程档案整理等工作，成员为全体体育教师。体育校本课程的管理由学校教务处统一负责。例如，体育校本课程的监控、测评、听评课、调控指导，经验总结，问题解决等。

课程评价：通过参考课堂教学观察材料，进行初步的定性评价。以定性评价为主，指出学生学习的状况、特点，形成等级。评价实施以学生个人为主，教师组织活动并打分，同时观察、记录学习情况。学生自评、小组互评，教师补充，以教师的评价为主，并及时向学生反馈。评价工具是教师设计的学生自评表、小组互评表。可使用学生学习评价表，进行定性评价或等级评定等。

1. 生动教育校本课程之排球

（1）排球特色课程的开发

校本课程的开发，为学校发展注入新的生机与活力，也为教师职业发展提供机遇与挑战。以往统一的课程计划、单一的课程结构和课程内容，已不能适应学校的发展需要，必须开发有学校特色的教育资源，才能满足学生的多样化需求。全国教育科学"十五"规划课题——"关于开发体育的地方课程与校本课程的研究"为我校的校本课程研究搭建了新的舞台，借这个东风，针对现实情况，学校从实际出发，找出我校的特点和优势，并且权衡我校与兄弟学校教育环境的差异性，开发以排球为特色的中学体育校本课程，使之达到健康育人、精神育人、文化育人的教育目的。

（2）排球课程的实施

① 课程活动的安排。学校在各年级开设校本排球课，每周一节。利用校本排球课的时间，加强排球文化的宣传，学习排球文化知识，传授排球基本技术，开展排球活动。有组织地对学生进行排球知识技能传授，使学生在校期间能较全面、系统地掌握排球知识，认识排球文化，积极参与排球活动，使学校排球文化的开展从根本上得到保证。排球课教学的目的不仅是让学生掌握排球知识技能，更重要的是使学生对排球产生兴趣，养成终身坚持锻炼的习惯。

体育教师在排球教学中开展以游戏为主的排球教学活动，引导学生会玩排球，玩出水平，掌握排球基本功，提高排球技能，培养一技之长。根据学生的年龄特点，确定各年级不同层次的训练内容和课程目标。一年级原地垫球，熟悉球性；二年级互抛、互垫；三年级过网传球等。在活动中，不断提升排球活动质量，使学生的潜能得到充分地开发。低年级学生垫球花样翻新，动作协调，甚至有的学生能自抛自垫几十个。高年级学生脚下动作灵活，姿势准确，有的连续垫球上百个，各种打法自如。学生们娴熟的排球技巧，极佳的排球意识，令人叹为观止。排球的普及形成人人喜欢排球，人人懂排球，人人会打排球的可喜局面。

② 课外排球活动安排。课外排球活动锻炼的空间广阔，内容丰富，形式多样，能吸引广大学生参加。它具有灵活性、选择性特点，能较好地满足不同年龄、性别、兴趣爱好、不同基础水平学生的不同要求。课外排球活动既可以完成排球技能、身体素质的练习，又能活跃校园体育文化的内容，促进学生体育活动积极性的提高。

学校每周三第二节课后，定为课外排球兴趣课，体育教师做好辅导及场地的安排，同时还可以开展班级内的小组竞赛，年级组内的班级友谊赛等。

③ 校园各类排球竞赛。校园体育竞赛的各类活动具有娱乐性，还有对抗性和挑战性特点，深受师生们的喜爱，让参与者体验到运动的乐趣，让观看者也融入排球活动中，也能体验排球运动的乐趣。我校体育组根据上级教育行政部门、学校的具体安排，结合我校的实际情况，制订每学年每学期排球活动计划。当各班积极投入赛前训练和开展比赛时，这些都成为学校的一道亮丽的风景线，体现学生团结、健康向上的精神风貌。

④ 通过排球文化节，丰富校园体育文化。每学年制定一周为排球文化

节，利用课外体育课时间，在全校开展以年级组为组织单位的全体学生参加的趣味排球活动，让学生体验到排球运动的乐趣。活动项目可以自定，在体育教师的协助指导下进行开展，例如夹排球跑、垫排球比赛等。这些活动参加的人数多，教师和学生一起参与比赛，场面热烈，运动员们争先恐后，激励竞争，各班组织的啦啦队文明、奔放、热烈、充满激情，营造了良好的竞赛氛围。

2. 生动教育校本课程之乒乓球

高中是学生兴趣与个性发展的关键阶段，也是脑力高强度活动时期，通过增设乒乓球课程和乒乓球活动，协调学生身体的各项机能，消除大脑疲劳，更有助于学生文化学习成绩的提高。通过乒乓球训练，可以使学生找到自己的兴趣爱好，发展特长，达到一专多长；通过乒乓球运动，可以使学生建立自信；通过乒乓球课程实施，可以达到《体育与健康》课程标准规定的学生身体素质的要求，融合新课改精神，完成高中学生运动参与、运动技能、身体健康、心理健康、社会适应等目标。

（1）课程目标

① 使学生了解一些关于乒乓球的知识，掌握一些基本运动技能和方法，认识乒乓球在锻炼身体方面的价值，为以后学习、工作、生活打下良好的基础，形成终身体育的意识。

② 使学生形成多动脑、多动手的能力，提高灵敏性、协调性。

③ 使学生逐渐养成准确、快速的判断与果敢的意志品质。

④ 使学生能够自行组织一些小型比赛活动，成为普及推广乒乓球运动的积极分子。

（2）课程内容

通过问卷调查等形式，了解我校学生的乒乓球技术掌握情况。根据调查的结果，结合本校的实际情况安排乒乓球校本课程的内容，主要包括以下几个部分：

第一部分：以理论课的形式向学生讲述：乒乓球运动概述；乒乓球运动简史；乒乓球运动技术特点及身体锻炼价值；乒乓球简单裁判法；乒乓球运动片段欣赏。

第二部分：实践教学部分包括基本技术部分和基础战术部分。

（3）教学评价

根据教学目的和要求，将本课的考核安排在学期末进行，结合学期所学的基本内容进行考核。综合评分：考试成绩80％＋平时成绩(出勤)20％。

① 评价内容：挡球；推挡球；发奔球；正手攻球。

② 测评方法：两人对推；发奔球；两人对攻。

③ 评分标准：另定。

（4）课程实施：参考排球实施方法。

3. 生动教育校本课程之篮球

（1）课程内容（见表4-3-1）

表4-3-1　教学内容概览

教学内容		时数与比重	
		时数	比重
理论部分	篮球裁判知识游戏化： （1）把裁判手势编成操 （2）把裁判知识编成诗歌或顺口溜	2	11.11%
技能部分	双手胸前传接球	6	33.33%
	体前变向换手运球		
	原地或行进间单手肩上投篮		
	原地跳起单手肩上投篮		
实践部分	传接球接行进间低手投篮——全场三对三教学比赛	8	44.44%
	传接配合——半场控制球		
	二攻—配合——全场二打一		
	半场人盯人防守——半场五对五比赛		
其他	考核	2	11.11%
合计		18	100%

（2）实施过程

① 以学为本。教学的最终目的是使学生掌握知识技能，而教学的方法和手段则是实现这一目标的主要途径，两者的关系是相辅相成的，教师在教学过程中要处理好两者间的关系，不能单纯追求结果而忽视教学过程，更不能注重教学的形式而放弃教学的最终目标。因此，在中学篮球教学中运用快乐教学法时决不能一味追求快乐，也绝不能异想天开任凭学生自由玩耍，而应创设

快乐学习的环境，激发学生学习的主动性，让学生在学习中享受快乐。

② 以游戏为点缀，丰富课堂气氛。体育游戏是基于趣味性和娱乐性需求而发展起来的，它使人们在游戏的同时发展身体、体验快乐。每个人都有游戏情结，游戏活动伴随着人类一生。它符合青少年身心发展的特征要求，能激发人参与的积极性和学习兴趣。而针对比较特殊的高中生而言，选择游戏是非常重要的，也事关一节课的成败。对高中篮球教学而言，游戏适用于课前的准备活动和课后的放松部分，如果能将一场游戏贯穿整堂教学也是很好的，体育教师的能力也就提高了。适当的游戏会给高中生带来快乐的同时发展其身体，也会减弱其别扭的复杂情感。

③ 读懂学生，因材施教。每个学生都是一个独立的个体，在中学篮球教学时要集中他们的共性来开展一节课的设计，同时也要看到每个学生的差异性，进行有针对性的指导，根据学生的特点能力分派任务。学生素质水平的差异是显而易见的。"好"和"差"的学生，对完成练习表现不同。身体素质好的学生很轻松，不以为然，往往就不再努力了。而"差生"由于自信心不足，对练习没兴趣，也会因热情不高"知难而退"。所以要求教师平时全面了解学生情况，分派的任务是他们经过努力能完成的。这样可以使他们有机会在完成任务的过程中享受快乐，从而提高学习效率。

（3）达成效果

① 要让学生在一个愉悦身心的过程中进行，教师备课时应尽量以学生为主，教师为辅的目标进行备课。

② 要避开传统的上课方式，融入多方面的趣味元素，如游戏、音乐、辅助道具等，激发学生学习兴趣。

③ 在教学过程中，不能一概而论，要注重学生之间的差异性，表扬先进生的"好"，接受和鼓励后进生的"差"，让每一个学生都能体验到课堂的乐趣。

4. 生动教育校本课程之太极拳

太极拳是国家级非物质文化遗产，是以中国传统儒、道哲学中的太极、阴阳辩证理念为核心思想，集颐养性情、强身健体、技击对抗等多种功能为一体，结合易学的阴阳五行之变化、中医经络学、古代的导引术和吐纳术形成的一种内外兼修、柔和、缓慢、轻灵、刚柔相济的汉族传统拳术。

我校为了更好地传承中华民族的优秀文化传统，在体育课程的开发中加入了太极拳的教学，并积极探讨太极拳课间操的开展，让学生能够时刻感受太极拳文化的熏陶，修身养性，胸怀家国（见表4-3-2）。

表4-3-2　太极拳内容及达成目标

周次	教学内容	课时	取得成效
1、2	起式、野马分鬃、白鹤亮翅	4	85%掌握
3、4	搂膝拗步、手挥琵琶、倒转肱	4	85%掌握
5、6	左右揽雀尾、单鞭、云手	4	85%掌握
7、8	单鞭、高探马、右蹬脚、双峰贯耳、	4	85%掌握
9、10	转身左蹬脚、左右下势独立、左右穿梭	4	85%掌握
11、12	海底针、闪通臂、如封似闭、十字手、收势	4	85%掌握

在校园推广太极拳的教学过程中我们经历过很多的困惑。困惑主要来源于学生对于项目本身的不了解，而我们却未能帮助学生去理解太极拳。这本是一个比较正常的事情。太极拳综合了中华武术的千年精华，集百家所长，不是那么容易就能够理解的。我们在教学的过程中只有尽可能地用生动的语言，灵活的示范方式让学生理解太极拳。学生只有初步掌握太极拳基本套路，才能逐步理解太极拳的内涵。

太极拳社团能够很好地促进学生练习太极拳。小团体的太极操表演给学生美的感受，让学生从主观上愿意去感受太极之美，灵动之和谐，太极拳课间活动可以给学生良好的展示空间，充分的练习时间让学生有足够的时间慢慢地去理解太极，体验太极拳给他们带来的生动有趣的感受。

5. 生动教育校本课程之健美操

坚持"健康第一"的指导思想，促进学生健康成长。我校根据学校的具体情况，结合师生各方面的发展要求以学校实际为出发点，以体育与健康课程大纲为依据，把健美操作为我校的校本课程。办学理念和教育目标，以促进学生的发展为前提，以学生的兴趣为动力，体现学生的自力更生原则，充分发挥教师、设施和场地的优势。健美操校本教程以促进学生身体、心理和社会适应能力全面健康水平的提高为主要目标，营造一个生动、活泼、和谐、友善氛围，使学生感受到集体的温馨和情感的愉悦。通过让学生克服练习时的障碍，经历并战胜挫折，提高学生抗挫折能力和情绪调节能力，培养学生坚强的意志品质与积极进取的精神；通过学生不断体验进步与成功，增强学生自尊心和自信心。通过加强学生身体训练，全面发展学生身体素质，增强学生体质，提高学生身体各器官的机能，为健美操运动的普及和提高培养优秀骨干。

（1）课程内容

健美操课程的开展分四个阶段。

第一阶段：培养正确的身体姿态，发展一般运动能力。主要以柔韧练习、形体操、基本步伐的学习为主。教师发现并培养学习骨干。

第二阶段：学会套路，巩固基本技术。主要以体能、表演套路的训练为主。学过的内容由学生自行练习。

第三阶段：难度动作练习，表现力训练。创编练习，高质量完成套路，汇报表演。小组与小组探讨，分工合作，互相学习，完成整套操的技术动作和队形创编。

第四阶段：结果评价。激发学生表现欲的同时也促进相互学习。学生自主打分与评价。

（2）实施过程

健美操课程实施的效果是比较好的。主要体现在以下几个方面：

第一，健美操课程的开展，提高了学生的自信心。健美操是一种表现式的运动项目，学生在各种音乐的伴奏下欢快地展现一段形体操。如果学生没有自信心，就不会自信地表演健美操。学生通过自身的学习和提高，慢慢地对自身有了新的认识，从而提高了自信心。学习健美操，动作可以做的不是很规范，但是只要是大胆地跳起来，也就是一种自信心提高的表现。学生通过学习健美操，通过在课堂上不断表现自己，自信心不断提高，从而能够不断认可自己。

第二，学习健美操提高了学生的审美观，每个学生都会有不同的审美观，健美操能够让学生体验运动美和形体美。通过学习健美操后，学生慢慢地体会到原来通过学习健美操会给自身带来那么多好处。原来驼背的学生，背也伸直了；原来动作协调性很差的学生，动作也协调了；原来总是低头走路的学生，也抬起头走路了；邋遢的学生也不在邋遢了。学生对美有了一个清晰的概念，对美有了一个新的认识。

第三，学习健美操促进学生的身心健康发展。健美操练习提高了学生四肢力量和跳跃能力，而且能增强身体各肌群之间的协调能力。通过学习健美操，学生心理和身体得到了极大的满足，从而增加了自己的信心，这对自身的身心健康是有极大的好处的，学习健美操的学生是有收获的，学生的心理和身体通过学习健美操得到了极大的改变。

第四，健美操促进了学生之间的相互交流。开展健美操教学，给学生提供了一个展现自我的舞台，学生在健美操的练习过程中相互帮助，既促进了交流，又增进了友谊。

健美操课程教学在学校体育的日常教学中属于一个新兴的课程，需要教师和学生经过长期磨合。教师在实际教学工作中要学会对自己的实际工作进行总结，对没有成效的工作方法进行改进，创新出高效的教学模式，使学校体育课的健美操可以更好地发展，促进学生身体全面发展，为我国提供更多的高素质人才，使终身体育的观念深入每个学生的内心，使学生既可以在日常的素质教育方面取得成功，也可以得到身体的发展。

（3）达成的目标（见表4-3-3）

表4-3-3　达成目标

周次	教学内容	课时	取得成效
1、2	健美操基本步伐	4	85%掌握
3、4	手位操	4	85%掌握
5、6	大众健美操第一节	4	85%掌握
7、8	大众健美操第二节	4	85%掌握
9、10	大众健美操第三节	4	85%掌握
11、12	大众健美操第四节	4	85%掌握

6. 生动教育校本课程之足球

自从国家层面推行校园足球项目以来，足球课程在中小学生的日常教学中占的比重越来越大，学校活动时间、场地、器材的投入也能让更多的学生投入到足球项目中来，这有利于我国的足球运动水平的提高。

（1）教学内容（见表4-3-4）

表4-3-4 教学内容概览

周次	教学内容	课时	取得成效
1、2	脚内外侧踢球	4	85%掌握
3、4	脚背正面踢球	4	85%掌握
5、6	传接球技术	4	85%掌握
7、8	停球技术	4	85%掌握
9、10	头球技术	4	85%掌握
11、12	射门技术	4	85%掌握

（2）实施过程

我校在推广校园足球运动的过程中充分考虑学生年龄能力特点，根据学生的技术水平、身体条件，结合足球运动的特点，把足球技术以及技术的运用分解为多个技术单元，又称教学单元，通过细分教学环节，把足球技术与足球比赛紧密联合，把足球比赛中常用的技术单独提炼出来，在课堂中结合生活技能，让学生积极参与课堂中各种生动有趣的游戏，在快乐有趣的体验中学到足球比赛中需要用到的技术动作，达到让学生在校期间掌握足球运动技能的目标。

我校在日常的足球教学活动中充分注意对学生足球运动兴趣的培养，结合学生的特点，利用足球游戏的趣味性，开展生动活泼的足球教学。在教学过程中充分利用足球游戏提高学生整体的参与度，保证学生练习的有效性。如在足球球性练习中增加"你做我学""地震来了""倒车入库""你追我赶""点名传球""过烽火线""抢砖石"等有趣的游戏，还鼓励学生自己开发足球游戏。从学生能接受的技术教起，通过有效地练习，从易到难，不断提高学生身体能力素质，并通过各种生动的模仿学习，如对足球比赛中优秀运动员足球技术的学习，有效提高学生的足球技术能力，使其能达到参与足球比赛的要求。

（3）教学效果

本着生动教学的教育理念，我校的足球活动教学取得了丰硕的成果，校园足球氛围越来越好，参与足球活动的同学也越来越多，每个学期的班级联赛为校园足球的开展提供了越来越多的好苗子。2018我校为市足球队输送了

6位足球队员参加省运会的比赛；参加全国校园足球夏令营1人，被评为国家一级运动员；2019年输送2名运动员到深圳铁狼俱乐部，参加全国五人足球联赛。

（四）信息技术校本课程

信息技术作为当今先进生产力的代表，已经成为我国经济发展的重要支柱和网络强国的战略支撑。《普通高中信息技术课程标准（2017年版）》明确提出，普通高中信息技术课程是一门旨在全面提升学生信息素养，帮助学生掌握信息技术基础知识与技能、增强信息意识、发展计算思维、提高数字化学习与创新能力、树立正确的信息社会价值观和责任感的基础课程。高中信息技术课程由必修、选择性必修和选修三类课程组成。高中信息技术选修课程是我校为满足学生的兴趣爱好、学业发展、职业选择而设计的自主选修课程，为学校开设信息技术校本课程预留空间。选修课程包括"算法初步""移动应用设计"以及各高中自行开设的信息技术校本课程。

1. 课程目标与内容

校本课程作为国家课程的有效补充，可以满足学生的多元需求，促进学生的个性化发展，体现信息技术课程的层次性、多样性和选择性。根据这一指导思想，我校信息技术科组建立了校本课程体系，科组成员每人至少负责一门课程。

我们在建立信息技术校本课程体系过程中，首先明确课程目标与高中信息技术课程标准一致，明确把培养信息素养作为课程目标。虽然校本课程开发基于不同学校的资源和师资条件，但"个性"应该植根于整体的课程目标这一"共性"之上。因此我校信息技术校本课程开发目标确定为以信息技术课程目标为基准，以培养学生信息素养作为课程目标。其次，我们把生动活泼，学生积极参与作为重要编写标准。让学生有兴趣学，身心愉快，有成就感，学习过程生动活泼。

2. 实施方法和途径

信息技术校本课程的实施，主要有两个途径：一是开办第二课堂。信息技术科组所有成员都开发了自己的校本课程，在学校的统一安排下，通过第二课堂和社团活动实施课程，每周一至两次开展第二课堂活动，每次30人左右。这种形式时间上有保障，参加的学生比较多，为学生提供了多种选择。二是通过竞赛开展活动。针对一些竞赛组织有兴趣的学生团队，有针对性地开展校本课程的教学，加入竞赛的竞争性，很好地促进了学生的能力发展，也取得了比较好的效果。

在校本课程的教学实践中，我们非常注重教学过程的生动有趣，学生积极参与其中。主要的做法有：

（1）利用兴趣调动学生积极性。一个人对他所做的事情有兴趣，他的积极性会增加几倍，这是一个公认的道理。学生报名参加校本课程，本身就表明学生带着兴趣而来，教师要通过多种方法，持续保持学生的这种宝贵的兴趣。

第一，好的开端是成功的一半。根据每堂课内容的特点，精心设计恰当的导入情境，这是开始新内容的关键。例如"创意机器人"避障小车的教学中，导入情境中可向学生提出这样的问题：一般的动物都会自主避开障碍物，但车辆如果没有人类的操纵，必然到处冲撞。怎么样才能让小车具有自主避开障碍物的智慧呢？通过这样的设问，一下子就将学生吸引到课程中来。

第二，要建立和谐有趣、活跃亲切的课堂氛围，追求一种教师妙趣横生地教，学生生动活泼地学的效果。在教学中坚持先学后教，以学定教，使教师成为学生学习的组织者、合作者、引导者，落实学习的主体地位。例如，冼奋宗老师在"计算机维修和网络维护"课程中，就经常设定教学议题，由学生自主探索，教师给予适当地引导，提供方法、原则给学生参考。学生学习印象深刻，效果非常好。

第三，要有意识安排生动有趣的教学内容，贴近学生生活，同时要有一定难度，让学生跳一跳能够摘到果子。例如，谭晓老师在"PhotoShop入门"课程中，将即时拍摄的照片和校运动会的照片提供给学生处理，学生兴趣度高，也综合运用了之前学习过的工具。

（2）立足实践操作，注重学以致用。新课程改革关注的是学生信息素养的提升，倡导回归学生的生活世界，追求富有意义的、充满人性的和综合性的教育，促进学生全面而又富有个性的发展。课堂学习与生活实际之间应该是紧密联系、不可分割的。我们编写信息技术校本课程和实际教学中，也要体现生活化、实用化，将教学活动置于现实的生活情境中。例如，林仕秀老师"电子相册"课程，以制作学生家庭或同学电子相册为例，完全体现实用化、生活化。又如冯英畅的《创意机器人》课程和《3D打印建模入门》课程，学生学习后可以制作出许多生活中实用的装置和物体，学生的学习兴趣非常高。

（3）通过参加竞赛促使学生进步，扩展学生视野。学生在平时的学习环境中，由于教师、同学是基本固定的，竞争性比较低，刺激度温和，进步终究会受到限制。而参加各种各类竞赛，一会达到竞赛要求；二会受到其他选手的启发，会催生一种良好的学习氛围，促进学生取得较大进步。其作用主要有：

第一，有助于学生创新实践能力、团队协作能力的培养。

信息技术类竞赛具有竞争性、实践性、创新性等特征。对参赛学生的实践能力的培养有着重要的促进作用。竞赛在一个紧张有序的环境下进行，能够直接锻炼参赛学生的创新能力和应变能力，可以充分挖掘和培养学生理论与实践相结合的能力。可以持久地增强学生的好奇心和求知欲望，而好奇心和求知欲望。正是创新型人才的特征。

信息技术类竞赛主题一般都具有前瞻性，往往不能用旧知识解决，这就要求参赛学生提出新的解决方案。在这一过程中，学生的创造力和想象力会得到激发，能够很好地培养创新思维能力。

竞赛一般是需要组成团队参加的，大家目标一致。从平时训练到正式参赛，为了共同的目标，队员都会表现出自愿合作和协同努力，从相互启发到分工合作，不但会激发思维、发掘潜力，也培养了个体之间的沟通能力和包容能力。

第二，有助于培养学生的学习兴趣，增强学生的意志力和自制力、严谨的学习态度，形成优良的品格。

有了竞赛目标，就会激发学生的学习欲望，驱使学生努力去学习未掌握的知识，有助于学生坚定自己的意志，为了目标自发消除其他事务干扰，潜移默化地增强学生本身的自制力，从而形成严谨的学习态度，形成优良的品格。

第三，有助于学生扩大视野。

学生在一个固化的环境中，始终见识有限。但参加竞赛活动，往往需要到一个新的环境，面对不同的人物事件。大家都是做同一个题目或任务，但不同人有不同的思维和做法，因此参赛的学生往往会受到极大的启发，思维会逐渐打开。这是我们带学生外出参赛经常会听到的感受，很多学生自述参赛对自己的影响非常大。

3. 取得成绩

信息技术校本课程实施，开拓了学生的视野，增长了学生的知识，锻炼了学生的能力。学生参加一些比赛也取得了一定的成绩。例如，近几年参加阳江市机器人大赛，获得一等奖的有6支队伍，获得二等奖的有9支队伍，获得三等奖的有18支队伍。参加第五届广东省创意机器人大赛，获得两个三等奖；参加第六届广东省创意机器人大赛，获得一个一等奖、一个二等奖。

第五章

生动德育实践

德育是什么？《中国大百科全书·教育卷》（1985）认为，德育是"指教育者按照一定的社会或阶级要求，有目的、有计划、有系统地对受教育者施加系统的影响，把一定的社会思想和道德转化为个体的思想意识和道德品质的教育"。

德育在内容方面，存在不少争议。檀传宝著《学校道德教育原理》对这个问题做了深入地探究："狭义的德育专指道德教育，亦即西方教育理论所讲的'moral education'。在我国，许多人并不赞成这一定义，认为德育必须包含更多的内容。一种广义的德育概念解释为，与伦理学体系中的德育概念（专指道德教育）不同，'教育学上的德育，则是相对于智育和美育来划分的，它的范围很广，包括培养学生的思想品质、政治品质和道德品质'。另外还有更为广义的教育界定，认为德育除思想、政治、品德方面的教育之外，还应当包括法制教育、心理教育、性教育、青春期教育，甚至包括环境教育、预防艾滋病教育等。"虽然檀传宝并不赞同德育概念的泛化，但他也认为，有关德育外延的界定应当遵循"守一而望多"的原则。所谓"守一"，意即严格意义上的德育只能指道德教育；"望多"意思是要进行思想、政治教育，从而加强学校道德教育本身。

因此，本章所阐述的我校德育内容，将会涵盖包括思想、政治、品德、法制、心理等方面的品质。

那德育文化是什么呢？结合文化的含义，我们认为，德育文化指的是在学校实施德育活动的长期教育过程中由学校师生共同创设而形成的全部精神活动及其活动产品，是学校内在精神对学生品德方面所产生的积极影响的传承、创造、发展的总和。德育文化是德育活动的前提，是产生德育结果的必由之路，也是德育成果的有效呈现。

据郭思乐教授的生本教育认为，学生的美好学习生活是学校德育的基础。劳动产生自然素朴的美德，产生素朴的德行。当学生在课堂中真正成为主人，自己去体验和感悟真善美，就可以使教学中饱含的真善美最大限度地进入学生本体，从而起到最大的德育作用。由此，课堂教学成为最自在的、素朴的、无形的德育过程。

檀传宝教授认为，德育是教育者组织适合德育对象品德成长的价值环境，促进他们在道德价值的理解和道德实践能力等方面不断建构和提升的教育活动。简言之，德育是促进个体道德自主建构的价值引导活动。

我校的生动德育吸取了郭思乐"生本教育"以及檀传宝"学校德育"概念当中的共同点，即都是以学生为主体，自主建构和提升个体品质。除了在课堂浸润创设无形的德育过程，还注重以丰富充实的内容、灵活多样的形式构建生动活泼的德育体系，在德育过程中，充分调动学生的积极性，让学生主动参与德育活动，以形成具有学校特色品牌的德育文化。打造生动的德育文化，是我校生动教育的重要组成部分，是实现"三优"校园的重要手段，也是学生健康生长的条件和保证，对学生品德的发展，世界观、人生观的形成，政治觉悟的提高，心理品质的健康形成都有着重要意义。

第一节　生动文化的实施

校园文化是学校发展的灵魂，是凝聚人心、展示学校形象、体现学校特色与质量的重要元素，也是学校德育的重要途径。在打造生动的德育文化过程中，我们注重运用校园文化这一抓手，达到随风潜入夜，润物细无声的德育教育功能。

优秀的校园文化能陶冶学生的心灵，它是校风学风、文化传统、价值观念、人际关系等方面表现出来的一种高度的观念形态，对学生品德认识起导向作用。校园文化中的思想性、教育性渗透校园文化的各个方面、各个形态中。一个优化的校园总是以其特有的象征符号向人们潜在或公开地灌输某种思想规范和价值标准，这种教育力量能使学生在不知不觉中接受教育。它虽然在某时某刻不一定让人能直接、完整地捕捉到，但其确实无时不有、无处不在，使人置身这种环境，就会被一种无形的精神力量感染、吸引和改造。

我校作为一所迁建的百年名牌老校，在校园文化建设上，一方面注重以丰富充实的内容、灵活多样的形式构建生动活泼的德育体系；另一方面充分调动学生的积极性，让学生主动参与到德育活动中，着力打造学校特色品牌，以建设"三优"校园为引领，全力打造以传统文化为核心的特色品牌学校。

一、捐绿造荫，延续记忆，传承传统优秀文化

广东两阳中学是一所有着110多年历史的老校，其前身为成立于1903年的省立第二中学，后因大火停办，1934年广东省政府将其迁至阳江复办，1936年更名为广东省立两阳中学。2013年，为了促进学校的发展，将其迁至现址。

重新建校伊始，我校就向校友发起了"传承文化，延续记忆，造荫后学，为母校广东两阳中学新校区建设绿色校园倡议书"。倡议书中指出，"为了改善现有的办学条件，阳江市委市政府投入巨资迁建广东两阳中学，将它从

鳌山南麓搬迁到共青湖湖畔。这是市委、市政府对百年老校的厚爱，也是母校传承文化、继往开来、凝聚人心、再创辉煌的良好契机""旧的校址有回忆，新的校区有期待""改变的是校址，不变的是情意。新校区的设计和建设，注重文化的传承和记忆的延续，亭台楼阁一草一木，渗透百年老校的文化精髓，承载校友的斑斓记忆。母校搬迁，正是广大校友培植新记忆点的最佳时机。今人植树，后人乘凉，前贤善举，造福后学，让新的记忆起点随树根深扎于共青湖畔"。整个活动得到了广大校友的热烈响应，共捐得大小树木200多棵，风景石50多块，总价值300多万元。使学校成为一个花园式的学校。学校在每棵树下、每块石头前都立了一个铭牌，注明捐赠者，以示表彰。归宁的校友从此有了一个驻足留影、畅谈往事的场所，既维系了老校友对新校区的感情，也传承了优秀的学校文化传统。现在，郁郁葱葱的校园让在校师生感受了历届校友的拳拳爱心，领悟到爱国荣校的优秀传统，见贤思齐，在校学生"努力学习，回报母校"的决心油然而生。

二、高屋建瓴，注重传统，打造环境育人文化

广东两阳中学（简称"两中"）校区设计注重校园文化建设，凸显百年老校的文化底蕴，以依山而筑、临水而居的核心思想，用现代及传统设计手法结合建筑布局与景观环境，打造生态校园新模式。学校风格既有庄重典雅之理性，又有活泼灵动之感性，在形态、色调、自然环境、植被等方面赋予丰富的育人元素。

校园自然环境优美，湖光山色、绿树常青、微波粼粼、奇石嶙峋，鸟语花香、鱼欢鸭畅，处处呈现一种自然和谐之美，怡悦人的心情，陶冶人的性情，净化人的心灵。同时，学生在休息时间喂鸭喂鱼，达到人与自然、人与动物和谐相处的境界，有利于学生树立爱护大自然的思想。

建筑色调以红墙蓝瓦为主色调，古朴典雅，气质非凡。以红砖为墙。红色是中国传统喜庆色调，寓意热情活泼、蓬勃向上，代表着希望之光，象征着日出东方，能振奋精神，催人向上。以蓝色琉璃瓦覆顶。蓝色是博大辽阔的色彩，能博大人的胸怀。与天空、大海同色，与两中校徽契合。寓意"海阔任鱼跃，天高任鸟飞"，象征着两中学子志向高远，前程远大。

建筑物外形设计以方形为主，四平八稳，布局井然有序，彰显端庄大

气,有一种堂堂正正、不偏不倚的气势,也符合"天圆地方"的观念,渗透着一种与自然和谐融洽的"天人合一"的哲学思想,能使人行为端正,庄重。

校园绿树成荫,白千层树遍布校道。白千层枝干笔直,树皮绵软细韧,层出不穷,长生不息,形象地昭示着"两中"人正直、向上,人才层出不穷,事业节节攀升。校内桃李成林,每至春季,桃李芬芳,寓示着"两中"桃李人才辈出。

三、点面结合,特色引领,营造以传统文化为核心的人文氛围

1. 结合中华传统美德对学校道路、建筑物进行命名

校内的道路、楼群等建筑往往承载着一个学校的人文内涵。对校道、楼群进行文化命名,可传承和弘扬传统文化,提升学校的文化品位,亦可使师生从中陶冶国学文化,增强爱国、爱校之情操。为此,我们向广大师生发出了"广东两阳中学校园道路景观建筑物命名方案",命名主题为"弘扬传统文化,彰显百年老校的人文特色",经过广泛发动,校友、师生积极参与,最终对学校的主要道路、建筑物等进行命名。

三幢教学楼分别命名为"明德楼""立德楼""厚德楼",体现学校以德为先的教育理念,并且把中华传统美德作为重要的教育内容。三幢功能楼分别命名为"越华楼""鼍山楼""岐山楼",反映了学校从广州到阳江三迁校址,体现了学校悠久的历史。学校三条主干道分别命名为"尚贤路""尚善路""崇文路",体现了中华优秀的传统美德。

2. 从传统美德中提炼出校园文化核心

中国传统的德育内涵,大致包括一个"完人"所须修养的志、仁、义、礼、勇、忠、孝、悌、信、刚、直、谦、谨、勤、奋、廉、耻等近20种美好品格。我校经过广泛讨论,从中提炼出"忠、孝、礼、信、谦、和、勤、朴"八个字作为校园文化核心,以"担当(忠)、感恩(孝)、知礼(礼)、诚信(信)、谦虚(谦)、包容(和)、勤奋(勤)、俭朴(朴)"为行为准则。同时设置多处宣传栏,打造文化校道、文化广场;利用电子显示屏,滚动播放每周一语(中华传统文化名言警句),以引导校园文化气氛向健康、古朴、文雅方向发展。

3. 组建以弘扬国粹文化为目标的社团，积极开展活动

为了进一步弘扬传统文化，我校在原有社团基础上，还组建了传统文化社团，如舞狮社、器乐社（古筝、笛子、洞箫等传统乐器）、书法社、国画社等，并重点树立了舞狮社等品牌社团。同时，以活动为载体，弘扬传统文化。例如，积极推行太极操，在文艺活动中也注重渗入传统文化元素，如舞狮、旗袍走秀，华夏千年服装秀，国画、民乐、太极剑等国粹，举行中医药文化、传统文化主题讲座，等等，让全校师生受到传统文化的身心洗礼。

2018年起，我校在高二年级开展"雅言传承文明，经典浸润人生"中华经典诵读比赛。高二年级师生诵读中华经典，配以音乐、舞蹈、书画、情景剧等艺术元素，在美的享受、德的熏陶、智的启迪中感受中华文化的魅力与力量。优美的诗词歌赋、精彩的诵读演绎、和谐的师生齐诵，奏响了弘扬中华传统文化的华美乐章。

2019年4月23—28日下午，我校的传统文化类学生社团自发联合开展"扬中华文化·秀社团风采"传统文化社团展示周活动。活动期间，各传统文化类社团纷纷亮相，展示了中华传统武术表演、舞狮表演、古典诗词吟唱、书法国画展示、汉服展演、民乐演奏、手语表演唱等社团风采，同学们或着古装、诵古诗、忆古人，或耍长棍、打太极、舞雄狮，或挥翰墨、抚琵琶、奏古乐，尽显中华传统文化的博大精深与神奇魅力。一系列活动，寓教于乐，使学生锻炼能力、增强自信，提高道德境界，达到"活动育人"的目的。

四、因势利导，文化为先，共同营造浓厚的育人氛围

（一）校道建立板报文化阵地

在主校道翰林大道设置多块宣传栏，打造板报文化阵地。各宣传栏定期更新，充分发挥其宣传作用，以弘扬正气，催人上进。校道板报主要分为三类。

1. 校史介绍

校史主要介绍学校在清末、民国、抗战、解放等期间的办学和发展情况，学校校训、校风、教风、学风、"两中"人精神、办学理念、教学理念、办学目标、培养目标以及校歌的形成和发展，让学生通过了解母校，了解历史，了解国家来树立爱校、爱国意识，增强责任意识和文化底蕴。

2. 学校办学目标

学校搬迁到新校区后，我们不断挖掘和丰富校园文化内涵，致力于打造优质的特色校园文化，在继承我校优良传统的基础上提出建设"三优"的理念和构想。"建设'三优'校园，重铸名校辉煌"的板报详细介绍了"三优"的内涵。其中，"优美校园"指校园山清水秀，布局合理，古香古色，窗明几净，绿树成荫，鸟语花香，鱼欢鸭唱，人与自然高度和谐。"优雅校园"指校园建筑古朴典雅，人文底蕴深厚，书香氛围浓郁；师生宽怀谦恭，行为举止有礼，进退有度；教师为人师表，儒雅清高；男生有绅士风度，个性雅逸；女生有淑女气质，清秀脱俗。"优秀校园"指学校办学先进，特色鲜明，业绩突出，社会声誉高；教师业务水平高，业绩突出，各级各类骨干教师、名教师较多；学生全面健康发展，学业成绩优秀。

3. 先进人物介绍

先进人物介绍展示师生各类获奖奖项及名单，树立身边典型，昭示全体师生，以激励先进，鞭策全体师生共同进步。例如"奖励优秀树榜样，弘扬正气促发展"（期末表彰系列），"岐山名学府，教师真风采"（教师表彰系列），"'恭程·燕颜'奖教奖学金获奖师生光荣榜"，"广东灌浆岛奖教奖学金获奖师生光荣榜"，"团结协作，快乐前行——2016年校园温暖集体"，"逐梦之旅，温暖随行——2018年校园温暖人物"，等等。

（二）教学楼建立走廊文化阵地

教学楼是学生活动的主要场所，也是德育教育的主阵地。在文化建设方面，我们根据各年级的学习特点，根据学生的身心发展阶段，在各教学楼门厅、内庭和走廊三处发挥育人功能。三幢教学楼门口根据年级育人目标悬挂对联。如高三教学楼悬挂着"岐山猛虎几度扬威六月长啸惊天地，漠水蛟龙三春潜渊一朝飞升动乾坤"对联，门厅上方张贴着"孝、勇、廉、和、忠"五个大字，下方摆放宣传栏，结合不同阶段的德育主题制作不同板报。

走廊文化实行"书画上墙"，为校园文化增添传统韵味。我校是艺体特色学校，师生艺术修养较高。我校从师生作品中精选了一批优秀的书法、素描、色彩等艺术作品，经过精心装裱和设计，将这批艺术作品悬挂在教学区走廊、楼道墙壁等醒目位置，供师生欣赏。这批艺术作品成为校园最生动的"文化元素"之一。

（三）教室建立班级文化阵地

班级文化是校园文化的重要组成部分，也是形成班集体凝聚力和良好班风的必备条件。我校每个学期都会开展全校班级文化建设活动，以班级为宣传阵地，弘扬中华优秀文化。活动主题结合三个年级的阶段特点来定：高一是"养成良好习惯"；高二是"建设良好班风学风"；高三是"全力以赴，冲刺高考"。

班级文化建设全程由班主任带领学生完成，充分发挥学生的主体作用，形式既统一又自由。班级文化体现的是治班的理念，成为德育的利器。具体做法：全班公推班训班规—制定系列班级公约—学生自愿、自发地执行。因为班训班级公约得到全体同学的认可，在日常学习生活中，他们都会自觉地以此为标准约束自己的言行。从思想上统一做起，再贯彻到班级管理的方方面面，充分发挥学生的主体作用，班主任的工作也就事半功倍。

五、文化浸润，师生齐读，共写诗意人生

开展书香校园建设活动。积极配合广东"书香校园"创建活动和我市"创建文明城市"活动，采取一系列措施，营造浓厚读书氛围，使整个校园洋溢着浓浓书香。2017年4月8日，"2017—2018学年广东省'书香校园'线上读书系列活动阳江地区启动会"在我校举行，市领导和教育局领导出席会议并发表了讲话，我校组织师生代表参加启动仪式，并配合做好"2018阅读提升生活品质——广东新华书香节校园书展"在我校的布展工作，组织学生积极参与书展。2017年，参加广东"书香校园"创建活动并获得"书香种子校园"的称号。2018年，我校"新华书店两阳书屋"被评为"最美阅读空间"。因为创建书香校园成绩突出，2018年12月20日，广东省电视台《广东新风采》栏目到我校拍摄了"书香校园"专题宣传片。

一系列举措，使我校形成了颇具特色的校园文化，收到了较好的育人效果，初步实现了文化迁校、文化兴校的目标，也受到了校友的认同、家长和社会的肯定。

第二节　班级文化建设

班级文化作为校园文化的重要组成部分，也是我校生动的德育文化的重要构成。班级文化建设不但能有效地调动学生学习和实践的兴趣，更重要的是能启迪学生思想，陶冶学生情操，弘扬学生道德，培养学生的主人翁精神，塑造积极向上的班级精神，促进学生健康成长。它是班级师生共同创造的精神财富，也是形成班集体凝聚力和良好班风的必备条件。

我校每学期都开展一次班级文化建设，由政教处布置，班级实施，级组监督，团委会、学生会检查评比，政教处总结点评并颁奖，环环相扣。各班级从班牌、图书角、班级文化展示栏、班内布置四个方面进行规划建设。

一、班牌

班牌要求有"六个一"，即激动人心的班名、响亮的班口号、明确的班训、切合实际的班目标、靓丽的班标志、积极向上的班歌，形成独特的班级名片。在设计时注重渗入传统文化元素，如主题为"文明礼仪的养成"，班名取为"明礼班"，班训定为"仁者爱人，克己复礼"。

二、图书角

图书角能丰富学生的知识，开阔他们的视野，提高其阅读能力。我校采取班主任牵头，语文老师协助，学生自发参与的方式，结合教育部推荐的高中生必读书目，组建班内图书角，归类摆放。要求图书丰富，内容健康；归类整齐摆放，不堆放无关杂物；贴好标签，建立图书借阅管理制度。为教室增添浓浓的书香气息。

三、班级文化展示栏

班级文化展示栏是班级对外展示自我的一个窗口，展示本班开展班级文化建设的成果，内容丰富，形式自由，生动活泼。可以发表反映学生校内外快乐生活的文章和图片，学生绘画书法文学作品、手抄报，小组活动展示，班级各项评比内容、表彰内容等。

四、班内布置

各班师生根据本班特点自行设计特色板块，如学习园地、文化角、自然角（摆放学生自带的绿色盆栽）、心愿卡、励志语录、成长足迹等，要求主题突出，内容充实，积极健康，实用美观，设计新颖独特，布局整体效果好。以营造浓厚的学习、育人氛围，提升班级文化品位。

以下附录班级文化建设相关文件。

附1:

广东两阳中学2016—2017学年度

班级文化建设活动通知

班级文化是班级师生共同创造的精神财富，是校园文化的重要组成部分，也是形成班集体凝聚力和良好班风的必备条件。班级文化建设不但能有效地调动学生的学习与实践的兴趣，更重要的是能启迪学生思想，陶冶学生情操，弘扬学生道德，培养学生的主人翁精神，塑造积极向上的班级精神，促进学生健康成长。

为实现我校"优美、优雅、优秀"的"三优"校园总目标，我校拟开展全校班级文化建设活动。具体要求如下。

一、活动主题

高一：养成良好习惯（文明礼仪、学习习惯）。

高二：建设良好班风学风（如增强班级凝聚力，营造良好学风，为高三蓄势）。

高三：全力以赴，冲刺高考。

二、活动内容

班牌（口号、寄语等）、黑板报、图书角和班级文化展示栏等板块的设计。

三、活动具体要求

1. 班级精神文化建设

各班根据实际情况制订班名、口号、班训、班目标、班标、班歌，并利用班会课开展各类班级活动，打造班级精神。

参考活动：①文明礼仪之星评比；②清洁卫生评比（如班级宿舍、教室评比）；③读书心得交流会；④学习之星（学习小组）评比；等等。

2. 班级硬环境建设

（1）班牌

为自己的班级取一个激动人心的班名，制订明确的班训、响亮的班口号、切合实际的班目标，设计一个靓丽的班标志，选一首积极向上的班歌。形成独特的班级名片。

（2）图书角

可由班主任牵头，语文老师协助开展，提供教育部推荐的高中生必读书目，每位同学认捐至少1本书，归类摆放。设借书登记簿，诚信借阅。

（3）班级文化展示栏

可展示本班开展班级文化建设的成果。形式自由，不拘一格。

参考形式：①利用照片呈现活动过程以及活动效果；②用文字总结或者表格汇总来介绍活动经验和成果；③图文并茂。争取做到方寸之间，大有乾坤。

（4）黑板报

结合校团委每月主题，出好每期黑板报，以美化班级，营造浓厚的学习氛围，提升班级文化品位。

四、活动时间

2016年9月1日—2016年10月7日。

五、评比时间

2016年10月上旬（国庆节后）。

广东两阳中学政教处
2016年8月29日

附2：

广东两阳中学班级文化建设最佳创意奖的评选条件及办法

一、评选目的

班级文化建设是校园文化建设的一个重要组成部分，为了营造更加融洽、优美的校园环境，促进班级管理，形成富有特色的班级文化，让环境影响学生从而教育学生，特设立班级文化建设最佳创意奖。

二、评选条件

（1）班级文化主题鲜明有创意，能充分展示班级特色，内容健康，生动活泼，富有个性。师生参与度、认同度和接纳度高。

（2）班级布置形式上要新颖、活泼、美观、大方。

（3）教室环境布置，要注意根据学生的年龄特点、年级特点，注意突出知识性、趣味性、激励性、教育性。能注意整体协调，布局统一，防止因杂乱无章、缺乏美感和喧宾夺主而分散学生注意力。符合教育规律，既能美化环境，营造良好氛围，又能赏心悦目，陶冶学生情操，起到真正无声的教育作用。

（4）注重创设浓厚的课外阅读氛围，促进学生课外阅读兴趣的培养。

（5）卫生良好，班容整洁。

三、评比内容及具体要求

（一）教室布置

1. 班牌

要求体现"六个一"，即班名、班歌、班训、班目标、班口号、班标志。班牌设计符合要求且新颖别致。

2. 班级文化展示栏

形式不拘，是班级对外展示自我的一个窗口。可以发表反映学生校内外快乐生活的文章和图片，学生绘画书法文学作品，班级各项评比内容、表彰内容，等等。

3. 图书角

图书种类丰富，内容健康向上，归类摆放整齐。

4. 黑板报及学习园地

主题突出、内容充实，积极健康、实用美观。

5.其他特色板块

由各班根据本班特点自行设计，如文化角、自然角（摆放学生自带的绿色盆栽）、心愿卡、励志语录、成长足迹等，设计新颖独特，布局整体效果好，质量高。

（二）卫生美化

（1）奖状、标语、励志图片等室内张贴物干净整洁。

（2）教室内物品布置协调。课桌、椅条摆放整齐有序。

（3）卫生良好，班容整洁。教室环境卫生做到"三净""六无""两整齐"。

"三净"：楼道、室内地面清洁干净；桌面、窗台、窗帘整齐干净；门窗、玻璃明净。

"六无"：楼道无悬尘，室内无尘土，无纸屑，无痰迹，无杂物，无蜘蛛网。

"两整齐"：桌椅排放整齐、书本摆放整齐。班内的水桶、簸箕、拖把等卫生用具摆放有序。教室内无卫生死角。

四、评比办法

1.评分标准（总分100分）

（1）班级文化建设整体效果50分。

（2）卫生美化20分。

（3）班级特色板块设计有创意30分。

2.评委

学校部分行政、各班主任、科任教师代表组成班级文化建设评比小组。

五、奖项设置

以班级单位进行评比，奖项设置：一等奖2名，二等奖3名，三等奖4名。获奖班级在全校通报表彰，班级文化建设评比结果纳入班级期末考核。

广东两阳中学政教处

2016年3月23日

附3:

广东两阳中学2015—2016学年度第一学期
班级文化建设活动总结

班级文化是班级师生共同创造的精神财富,是校园文化的重要组成部分,也是形成班集体凝聚力和良好班风的必备条件。班级文化建设不但能有效地调动学生的学习与实践的兴趣,更重要的是能启迪学生思想,陶冶学生情操,弘扬学生道德,培养学生的主人翁精神,塑造积极向上的班级精神,促进学生健康成长。

为了更好地实现我校"优美、优雅、优秀"的"三优"校园总目标,我校开展了全校班级文化建设活动。

各班级在班主任的指导和学生的共同努力下,群策群力,主动参与班级文化建设,班级布置的整体效果有了明显地提高,基本上能按照"简洁、实用"的原则,既保证了统一和谐,又各有特色、各有亮点。现就班级文化建设评比情况总结如下。

一、评比名次

高一年级:一等奖两名,分别是高一(11)班和高一(21)班;二等奖4名,分别是高一(8)班、高一(13)班、高一(22)班和高一(10)班;三等奖6名,分别是高一(19)班、高一(20)班、高一(5)班、高一(6)班、高一(9)班以及高一(16)班。

高二年级:一等奖两名,分别是高二(7)班和高二(20)班;二等奖4名,分别是高二(6)班、高二(16)班、高二(11)班和高二(1)班;三等奖5名,分别是高二(9)班、高二(13)班、高二(5)班、高二(12)班和高二(8)班。

高三年级:一等奖两名,分别是高三(17)班和高三(8)班;二等奖4名,分别是高三(6)班、高三(7)班、高三(16)班和高三(20)班;三等奖6名,分别是高三(23)班、高三(19)班、高三(15)班、高三(21)班、高三(22)班以及高三(5)班。

二、主要成绩

1. 整体效果

大部分班级都创造性地完成了较高质量的班级文化布置，反映班主任和学生的创造素质。从检查的情况来看，几乎所有的班级所展现出来的班级文化均能体现一定的教育思想，具有积极的教育意义，都能体现各自的班级特色。许多班买了一些花草树木的墙纸，或者摆放些绿色的植物，进入教室犹如置身于大自然，也给图书角增添了一股儒雅的韵味；也有的班贴一些或者温馨或者有教育意义的图画标语，比如"将来的你会感谢现在奋斗的你""态度决定一切"……每一幅图画、每一段文字无不蕴含教师独特的思维和创造性的发挥；充满班级特色的一些栏目，整体效果明显，与教室内其他设施融为一体，和谐自然。在整个班级布置内容的选择与编排、板块的设计、图案的装饰诸多方面不仅饱含浓郁的文化气息，还具备一定的审美价值，能让人耳目一新、赏心悦目。这些具有班级特色的独创设计，反映班级的学风，彰显充满活力的班级文化氛围。

2. 班牌

班牌可以说是班级的一张独具风格的名片。梁校长在第一次全校班主任会议上提出了班级文化建设"六个一"的要求，本次活动中绝大部分班级在设计班牌时能体现"班名、班目标、班歌、班训、班口号、班标志"这"六个一"的要求，另外，高一年级还统一要求班牌要分别有一张班主任私照和全班集体照，既有统一的内容，又有独具风格的设计，因而本次班牌设计呈现整齐划一与个性化兼具的特点。

其中，高一有些班级的班名、班歌、班目标、班口号以及教室内部的标语都围绕一个主题，班级奋斗目标非常明确，譬如高一（13）班的"绅士之班"，高一（20）班的"邓家军之高冷机智小分队"。

高二、高三虽然没有统一"六个一"，但在班牌设置上形式更加不拘一格。高二（2）班班牌放上科任老师辅导的照片；高二（3）班展出了班团委成员；高二（7）班以电影胶片的形式展出班上同学的照片；高二（21）班集体照下一句话"那一年，我们在这里，正年轻……"莫名地戳中老师的泪点，就像是跟青春的再一次握手；高三（2）班手绘班牌不失亲切；高三（7）班火炬班配上火炬图案，给人激情燃烧的感觉；高三（20）班用两道数学公式告诫同学们学习的道理。

3. 班内布置

大部分班级布置都达到了美观、整洁、实用、创意及积极向上的效果。各班均能重视教室环境的布置。走进每一个教室，就会被设计巧妙、充满青春气息的布置所吸引。每一个角落都体现出独具匠心和高品位的文化气息，每一寸空间都充溢着浓烈的读书求学氛围。各班教师与学生齐心协力、殚精竭虑，聚众人智慧创设班级亮点，为班里添红加绿，使班级布置处处闪放光彩。高一（2）班的"一（2）班龙虎榜"、高一（6）班的"荣誉殿堂"、高一（19）班的"书海淘金""书香四溢"、高二（21）班的"智汇堂"、高三（15）班的"我们的成长足迹"、高三（17）班的"答案对对碰"等板块，让每个同学都铭记青春的温暖与奋进。教室硬环境的布置不仅为学校带来了一道亮丽的风景线，还培养了学生的创新思维和动手能力，同时创设了学生展示自我、师生交流的平台。

4. 图书角

图书角除了能使班级呈现浓浓的书香气息，更重要的是能丰富学生的知识，开阔他们的视野，提高其阅读能力。图书角也是班级文化建设的一个重要组成部分。相对来说，图书较丰富、能归类摆放整齐的班级有高一（10）班、高一（13）班、高一（20）班和高一（21）班；高二（1）班、高二（3）班、高二（4）班、高二（10）班和高二（14）班；高三（12）班、高三（13）班、高三（16）班、高三（19）班和高三（23）班。

5. 班级文化展示栏

如果说班牌是班级的名片，那么班级文化展示栏则是班级对外展示自我的一个窗口。各班发挥创意，天马行空，自由挥洒，不拘一格。譬如高一（4）班的许愿树；高一（5）班的小组活动展示；高一（11）班的心愿墙；高一（13）班，"绅士之班"——用勤奋智慧守护组内的女生；高二（11）班，师生同乐照片墙；高二（18）班，手抄报展示栏，非常用心；高二（20）班，照片墙；高三（20）班的班级文化展示栏，为即将参加高考的学子精心准备了一碗心灵鸡汤；高三（23）班利用展示栏展出师生的文章，表达对高考奋斗的决心。

三、存在问题

（1）个别班级未能按时、按要求完成班级文化建设。高一个别班级内部文化及班牌内容都没有完成；高三有好几个班级只有班牌，而没有完善内部文化。

（2）班级布置：部分学习园地有园地无内容，或内容杂乱没有条理；图书角摆放不整齐，图书较少且利用价值不高。甚至有部分班级杂乱地堆放报纸在图书角，影响了整体布置效果。

（3）班级卫生管理：在检查的时候，有的班级没有打扫卫生，卫生工具乱摆放，班内书本、教学工具摆放不整齐，影响美观。

（4）整体效果：虽大部分班级的布置都能力求艺术化、德育化，但部分班级过多追求整体效果的美观、多样，忽视了它的实用性和使用性。班级布置上过于随意，缺乏主题，板块虽多却显得凌乱，图案虽美却过于花哨，没能做到实用性与观赏性兼备。在班级特色上，大部分班级都出现只有"结果"（如只有照片等），没有"过程"（如没有计划、记录等）的现象，无法体现班级文化建设活动的真正开展。

四、整改措施

（1）突出班级特点，从学生的角度看待班级文化。各班要设计出适合本班学生年龄特点，具有本班特色的文化氛围，如班级格言、励志语言的选择要贴近学生的实际，要让学生容易理解，容易接受。板块设计不要生搬硬套，要合理吸收原作的设计理念，并不断超越。

（2）真正使"图书角"的作用得到发挥。建立健全图书各种管理制度。建立健全图书管理制度，采用专人管理办法，及时做好借还记录，并训练班级学生将图书分类，摆放整齐，同时应丰富图书种类，以满足学生的阅读需要，增加阅读知识面。

（3）内部文化的完善。多数班级的内部文化基本上是由班级制度、课程表、值日轮流表等组成，内容单一，缺乏知识性、趣味性。建议内部文化可增加一些温馨的图片和励志的标语，让整个班级文化呈现一种青春的气息，既温暖人心又催人向上。

（4）积极开展特色活动。各班应充分挖掘本班资源，创新活动方式，充实活动内容，开展真正具有本班特色的活动，并做到有计划、有记录、有过程、有延伸，而不是只停留在展示成果、短时间开展等层面上。

五、个人的一点儿思考

在第21届广东班主任工作论坛中，来自河南的名班主任秦望老师为我们做了《共同生活，有效德育的途径》的主题报告。报告中，他举了一个班级文化建设的例子。在建设班级文化之初，他组织学生观看了《士兵突击》，并且评选出最受学生欢迎的经典台词，结果"别以为我来七连没几天，就长不出七连的骨头"被选中。他们对这句话加以改动，制订出班训，"一班人要长一班人的骨头"，并据此制定出一系列具体的"长一班骨头"的班级公约。因为这句话是全班公投选出来的，所以这一班训得到全体同学的认可，在日常学习生活中，他们都会自觉地以此为标准约束自己的言行，班级管理蒸蒸日上。

由此我思考，如何能让班级文化建设成为我们治班的利器，而不只是一次活动？如何让"六个一"真正成为我们治班的理念，而不只是几行文字？我觉得可以借鉴秦老师的这种做法，全班公推—制定系列班级公约—学生自愿、自发地执行。相当于从思想上统一做起，再贯彻到班级管理的方方面面，这样班主任的工作也许就会事半功倍。当然这只是我个人的一点儿思考，希望能给在座的班主任一点儿启发。

也希望我们建设班级文化的脚步不要停，在今后的工作中，继续将工作做实做细，建设最具"两中"特色的班级文化。

第三节 书香校园建设

建校来，我校一直高度重视校园文化建设，新迁后，进一步推进书香校园的建设工作，不断加强校园文化建设，创设了良好的阅读环境，开展了一系列师生阅读活动，点燃了师生的阅读热情，在建设"三优"校园的工作中迈出了踏实的一步，为师生共写诗意人生奠定了坚实的基础。

一、文化浸淫润，书海泛舟畅游

学校文化是学校发展的灵魂，新迁后，两阳中学以弘扬传统文化为核心，着力打造人文校园，让师生在书海中泛舟畅游。

首先，两阳中学从中国传统的德育内涵中提炼出"忠、孝、礼、信、谦、和、勤、朴"八个字作为校园文化核心，并利用电子显示屏，滚动播放每周一语，引导校园文化向健康、古朴、文雅方向发展。同时结合传统文化对楼群、校道进行命名，将三幢教学楼分别命名为"明德楼""立德楼""厚德楼"，三条主干道分别命名为"尚贤路""尚善路""崇文路"，以期师生从中得到国学文化的熏陶。

在教学区走廊、楼道墙壁等醒目位置，悬挂了一批从师生作品中精选出并经过精心装裱和设计的优秀书法、素描、色彩等艺术作品。另外，学校也将有文化韵味和教育意义的名人名言配上国内知名学府的图片，悬挂在高三教学楼走廊。

在班级中，结合教育部推荐的高中生必读书目，组建班内图书角，归类摆放。鼓励学生借阅图书，教育学生读书、爱书，增强学生文化内涵。同时，利用好班级文化展示栏，张贴优秀文学作品供学生欣赏，或发表本班学生的书法、文学作品、手抄报、绘画等，给学生提供一个诗意表达自我的平台。

加强校园文化建设的一系列举措，使学生浸润在文化中，随时随地有书可读，有平台可展示，从而点燃其阅读、写作的热情。

二、师生齐读，共写诗意人生

1. 教师："以书为友"系列活动

两阳中学开展了一系列教职工读书写作活动，提倡教师与书为友，与大师对话，做好人类文明的传递者。

（1）开展专项读书活动。学校提供《班主任如何说话》《寻找语文的诗意与远方》等一系列教育教学方面的著作，供给教师假期借阅。

（2）开辟"教工书吧"，打造教师阅读的幸福港湾。阅读，不仅丰富了教职工的课余生活，还增强了教师的文化底蕴。

（3）鼓励教师多思索、多写作。两阳中学自2015年5月份创办校级刊物

《两中人》以来，现已出版了六期，刊物精选教师的原创作品，展现了"两中人"扎实的专业素养与文化修养。

2. 学生："我读书，我快乐"系列活动

（1）以校级文学社——蓓蕾文学社为主要阵地，开展丰富多彩的活动。除了常规社课，还经常举办征文、演讲、朗诵、辩论、书法各类比赛。例如"'中国梦'主题征文""'书香漠阳'世界读书日征文""经典朗诵大赛"等，既开阔了学生眼界，也提高了学生的文学素养与写作能力。

（2）团委牵头，开展系列活动，营造良好的校园阅读氛围，给学生在课余时间提供一个阅读经典、增长课外知识、拓宽视野的平台。例如"高三旧书回收"活动，提倡"书页因为翻动而飞翔，知识因为分享而流淌"；"图书漂流"活动，将校团委掌握的200余册图书按照古今通史、常识技巧、西方名著、东方名著、名家选集、经典读物、心灵慰藉等方面分类编号，由学生会生活部同学分别为各班统一分配图书，期末再回收循环分配。

在书香校园活动中，两阳中学收获了"广东省国家级示范性普通高中""广东省'书香岭南'全民读书活动书香校园""最美阅读空间"等殊荣。在今后的书香校园建设工作中，两阳中学还将继续积极探索，以新颖活泼、形式多样的阅读活动为载体，让师生在浓厚的书香氛围中享受无尽的快乐！

第四节　生动德育的载体

为深入贯彻落实立德树人根本任务，切实将党和国家关于中小学德育工作的要求落细、落小、落实，我们借助丰富的载体来构建生动德育体系，大力促进德育工作专业化、规范化、实效化，努力形成全员育人、全程育人、全方位育人的德育工作格局。

一、两礼一节

据教育部2017年颁布的《中小学德育工作指南》，中小学德育实施途径和要求，应通过活动育人。要精心设计、组织开展主题明确、内容丰富、形式多样、吸引力强的教育活动，以鲜明正确的价值导向引导学生，以积极向上的力量激励学生，促进学生形成良好的思想品德和行为习惯。

开展节日纪念日活动。利用春节、元宵、清明、端午、中秋、重阳等中华传统节日以及二十四节气，开展介绍节日历史渊源、精神内涵、文化习俗等校园文化活动，增强传统节日的体验感和文化感。

利用植树节、劳动节、青年节、儿童节、教师节、国庆节等重大节庆日集中开展爱党爱国、民族团结、热爱劳动、尊师重教、爱护环境等主题教育活动。

利用学雷锋纪念日、中国共产党建党纪念日、中国人民解放军建军纪念日、"七七"抗战纪念日、"九三"抗战胜利纪念日、"九·一八"纪念日、烈士纪念日、国家公祭日等重要纪念日，以及地球日、环境日、健康日、国家安全教育日、禁毒日、航天日、航海日等主题纪念日，设计开展相关主题教育活动。

我校利用重大节日（学雷锋日、青年节、国庆节等）、主题教育日等，开展丰富、活泼、实效的德育活动，注重渗入中华传统文化元素，拓展育人的形式和内涵，使师生在自觉参与活动中得到思想情感的熏陶，精神生活得以充实，道德境界得到升华。搬迁新校区以来，我校拓展并固定下来的活动有"两礼一节"。"两礼"指"成人礼"和"毕业礼"，"一节"指我校校庆期间举行的"岐山文化节"。

1. 成人礼

十八而志，青春万岁，成人立事，责任在心。我们在高二学子即将上高三之际举行成人宣誓活动，弘扬中学民族传统美德，激励青年学子勇于承担责任，树立服务和奉献社会的志向，实现报效祖国的远大理想和抱负。一般由以下环节组成：

（1）奏唱国歌，升国旗。

（2）诗朗诵《十八岁的担当》。

（3）校长发言。

（4）教师代表发言。

（5）家长给孩子一封信。

（6）孩子给家长一封信。

（7）全体学生向家长敬读感恩信。

（8）家长为孩子佩戴成人纪念章。

（9）家长赠成长家书或礼物。

（10）学生向家长、教师表示感谢。

（11）成人宣誓。

（12）过成人门、成功门。

（13）在"怀感恩之心 履尽责之行 立鸿鹄之志 成栋梁之材"展板上签名。

2. 毕业礼

以"校园激情飞扬，学子扬帆远航"暨"感恩与毕业"为主题，由校长致辞、教师代表致辞、家长致辞、学生代表发言、颁发毕业证书、观看视频、献花等环节组成。师生互动，让学生感受学校温暖，升华对母校的情感，带着眷恋，投入新生活。

3. 岐山文化节

以"两中"校庆为契机，举办内容多样、形式活泼的校庆文化活动，营造有利于学生健康成长的校园文化氛围。岐山文化节包括艺术节、科技节和体育节，具体有以下活动：校园十佳歌手大赛、校园十佳主持人大赛、师生书画展、校庆文艺晚会、水火箭比赛、运动会、创意入场式等，充分展现师生风采，丰富校园生活，振奋校园精神，活跃校园氛围。

"两礼一节"形式生动，充分体现了以学生为主体的育人方式。如岐山文化节，参与对象主要是学生。在艺术节中，学生各施才能，从确定节目、排练、演出基本都是由学生分工合作完成的，为全校师生呈现出艺术的盛宴；在体育节中，各班发挥天马行空的想象力，在创意入场式中带来精彩纷呈的表演，在运动场上奋力拼搏，为班集体和个人荣誉竭尽全力。"两礼一节"培养了学生的责任感与担当精神，已初步沉淀成为我校的德育品牌活动。

二、依法治校，打造生动的法治教育

广东两阳中学从2015年开始创建依法治校示范校，2015年底被广东省教育厅认定为依法治校示范校。创新思路，打造生动的法治教育，以学生为主体，开展内容丰富充实、形式灵活多样的法治教育，工作做法细致扎实，生动活泼，成效显著。

（一）创新思路

为进一步推进依法治校进程，增强师生法治观念，促进和谐社会建设，创建良好的法治环境，结合我校开展生动教育的实际情况，我校创新思路，打造了生动的法治教育，以学生为主体，开始内容丰富、形式多样的法治教育，为学校教育发展创造良好的环境。

1. 以生为本，开展法治教育

生动的法治教育的第一层含义是以学生为主体，在开展法治教育的过程中，充分调动学生的积极性，让学生主动参与到法治活动中，以形成具有学校特色品牌的法治教育。

2. 内容丰富充实，形式灵活多样

生动的法治教育的第二层含义是内容丰富充实，形式灵活多样。结合我校实际情况，我们不断发展和创新法治教育工作，探索更适合学生年龄与身心特点新举措，以丰富充实的内容、灵活多样的形式来开展法治教育，使法治工作真正落实到学生的学习生活中，使法治意识深入学生心中。

（二）工作做法

1. 营造文化氛围，注重校园法制宣传

我校努力营造一个团结友爱、严于律己、奋发向上的文化氛围，面向全校师生尤其是学生这一主体教育对象，力争让学生在健康、洁净的校园环境中受到潜移默化的教育，形成正确的人生观和社会责任感。例如，利用电子显示屏滚动播放法治宣传语，向全校师生宣传党的十九大精神和宪法精神；利用主校道的宣传栏，结合不同阶段的主题出版多期法治板报，做好依法治校的宣传；利用教学楼内庭标语、教室班级文化阵地做好法治内容的宣传，营造浓浓的法治文化氛围；利用校园网、微信公众号等推广有关依法治校的活动报道及法治知识的宣传。此外，我校还充分利用国旗下的讲话、校园广播站、校园电

子显示屏等形式向学生宣传法律知识，使学生在良好的校园环境中受到熏陶，在积极的校园氛围中受到教育，从而明确了真善美、假丑恶，提高了对不良文化的免疫力。

2. 开展多种活动，强化师生法制观念

根据学校的实际情况，将法制教育与行为习惯养成教育、社会实践等主题教育活动相结合，与品德、生活、教育相结合，多层次、多方位渗透。

（1）召开班主任工作会议

由政教处组织对各位班主任进行了依法从教、依法办校的再加强教育，帮助每位班主任提升法律意识，明确自己身上的职责，规范自己的教育教学行为。

（2）国旗下讲话、校园广播、宪法日宣传教育

学校充分利用国旗下讲话和校园广播对学生进行法制教育，主要包括学习《未成年人保护法》《预防未成年人犯罪法》等。每年宪法日进行宪法主题教育。

（3）上好法制教育活动课

举行"宪法进课堂"活动，利用班会课向学生宣传解读《宪法》，并与学科教学相结合，渗透法制教育，课堂上，结合学生的实际，结合学生的身边事，进行正反两面的评析、引导，使学生辨是非、明事理，使学生在生动活泼的班会上中受到法的熏陶。

（4）利用学生的主体作用，进行法治教育

例如2016年9月份，团委组织"法律在我身边"征文比赛；11月，团委组织学生到市总工会参加禁毒活动；11月25日上午，政教处组织教师参加全市师资禁毒知识培训；12月2日晚上在学校报告厅举行法制进校园讲座，由市检察院的同志授课，为学生上了一节生动的普法课。12月，组织学生干部旁听"青少年犯罪案例庭审"活动。2017年6月，团委组织学生参加"市禁毒海报评比"；9月，团委组织"法律在我身边"征文比赛。2018年9月，组织学生参加第十五届全国法治动漫微电影征集活动。2019年5月，组织学生参加"学宪法，讲宪法"系列活动，如青少年学生法治知识竞赛、"学宪法讲宪法"演讲比赛。

（三）达到效果

我校打造生动的法治教育，依法治校工作取得的成效非常显著。

（1）全校师生文明意识、法制观念得到了加强。"重大案件"的发案率、"治安案件"的发案率、"一般案件"的发案率始终为零，未发生过任何治安事件，全校师生也未发生过犯罪违法等现象。

（2）教育教学秩序良好，"优美、优雅、优秀"的"三优"校园和谐发展，学校形象和社会声誉不断提高。

（3）生动法治教育结出累累硕果：学校被评为广东省国家级示范性普通高中、广东省一级学校、广东省普教系统先进标兵单位、广东省贯彻和实施《体育卫生工作条例》先进学校、广东省中小学心理健康教育示范学校、广东省优秀体育传统项目学校、广东省群众体育先进集体、广东省普通高中教学水平优秀学校、广东省青少年科学教育特色学校。

（四）推广价值

以学生为主体，提高广大学生的参与度，开展生动活泼的法治教育，使法治意识深入人心，使法治教育工作真正落实到学生的学习生活中。

打造生动的法治教育，是学生法治意识提高的重要保障，对学生品德的发展，政治觉悟的提高，法治思想的健康形成都有着重要意义。

三、开展生动的心理健康教育

通过长期的实践与总结，我校根据实际情况，确立了"让成功心理伴随学生成长"的心理健康教育理念。2003年，我校在心理校报《怡心报》详细阐释了这一理念：每个人都具备成功的潜能，而成功心理是一个人获得成功的内在动力。激发学生的成功心理，给学生的成长插上高飞的翅膀，帮助学生实现人生更高更远的目标，是我校心育工作的出发点和归宿。开展生动的心理健康教育具体做法有以下几方面。

（一）心理健康教育进课堂

按照教育部《中小学心理健康教育指导纲要》（2012版）规定的具体目标和基本要求，结合本校实际，我校开设了专门的心理健康教育课程，每班每两周1课时。其中高一年级安排10节心理健康课；高二年级安排4节心理健康课，5节心育主题班会课；高三年级安排2节心理健康课，7节心育主题班会课。心理健康教育课进课堂，充分体现了以学生为主体的心育方式。

（二）建立心理档案，对全校学生进行心理"体检"

2009年，我校引进"智为心理档案系统"，为每一位高一新生测试并建立电子心理档案。档案内容包括学生的基本信息、学生心理健康状况、学生心理素质三方面。通过学生心理健康测验，可筛选出心理健康水平达到"预警"的学生，及时进行干预，使得心育工作更加主动。心理教师会查看这些学生心理测验的各分量表，结合"中学生心理素质量表"评估问题的严重程度。再将情况反馈给各班主任，剔除无效量表后，上报学校领导，并与班主任一起进行干预。例如班主任约谈学生，或请有需要的同学来做心理咨询。如果问题严重，会及时转介到更专业的机构。

（三）开展有针对性的心理调查、讲座

针对一些普遍问题做专项调查，例如"考试焦虑调查问卷""广东两阳中学学生心理晴雨表""青少年主观幸福感问卷"等。根据调查结果开展心理健康教育课或专题讲座。例如，冯绍安副校长为高三学子举行"高考减压"团体心理辅导讲座。

（四）通过多种渠道开展心理健康知识宣传

心理校报《怡心报》、心理社团社刊《心涟》、校刊《两中人》心理专栏、校园广播节目《放飞心灵》、校园网专栏、主题板报、心理手抄报、宣传小册子……形式丰富多样，宣传面广。

（五）不断完善心理咨询服务，完善补救性心理健康教育

多年来，我校的心理咨询室从无到有，从简陋到逐渐完善。例如，学生心理档案管理系统软件、宣泄人等心理健康设施，满足了师生的心理活动及咨询需要。2013年学校搬迁，心理辅导中心也全面升级。现在辅导中心坐落鳌山楼北翼三楼，占整整一层。室内面积270平方米以上，室外还有两个大露台可供使用。环境优美、安静、私密。辅导中心设有各种功能场室：办公室和接待室、心理测量室、两个个体咨询室、宣泄室、心理社团活动室、心理活动课室。

心理辅导中心开放的时间每周达15小时。同学们可以预约也可以直接来访，由专职心理教师接待。遇到个别有严重心理疾病的学生，能够及时识别、转介到相关心理诊治部门并记录在案。

（六）同伴互助特色惠及全员

1. 首创"班级心理委员模式"

学校的心育工作不能单靠教师，还应该发挥学生的作用。2005年，我校在班级本位心育方面进行了积极地探索，启动"班级心理委员"模式，尝试把预防心理危机工作下移，把干预危机工作前置。学校提出"学生有心结，同学帮你解"的口号，让学生骨干参与到学校的心育工作中来，在教师的指导下为有心结的同龄人提供力所能及的帮助。多年来，"班级心理委员"模式取得了显著的成效，拓展了心育渠道，调动了学生参与心育工作的积极性和主观能动性，完善了心育信息反馈系统，使心育工作的开展更具针对性和前瞻性，完善了学生心理危机预警和干预的"学校—班主任—学生"三级体系，给全市中小学校起到了良好的示范作用。2008年冯绍安副校长"设置心理委员实践探索"研究项目荣获广东省教育厅首届"广东省中小学德育创新奖"二等奖；冯绍安副校长所撰写的论文《设置学生心理委员的实践探索》荣获广东省心理学会学校心理专业委员会2008年学术年会论文一等奖并在年会上做了专题介绍，论文《学生参与心育工作的新尝试》荣获中国教育学会中学德育专业委员会第五届全国学术年会论文评比一等奖。

2. 以"小组学习"教学改革为契机，组建心理互助小组

为有效提高教学质量，2015年9月，我校在基础年级开始尝试"小组学习"教学模式，把全班学生分组，每组6~7人，以面对面或T字形方式就座，互帮互助。2016年2月，在小组合作教学取得一定的实验性成效基础上，我校把小组合作形式全面推广到学习、生活的方方面面，包括纪律监督、宿舍管理、生活互助、心理互助等。学生的学习、生活都有固定的小组，组员之间关系亲密有如一个小家庭。当学生遇到烦恼时，我们引导他们向组员倾诉，从而给他们增加了一条更为平等、隐秘的宣泄渠道，在互相倾诉中就把一些心理困扰化解了。由于是同龄人，他们更能理解同学的烦恼，在沟通交流时也更自然。这种形式，有效解决了学生在日常学习生活中产生的大量心理烦恼，简单、直接而且高效。

开展生动的心理健康教育，最大的受惠者是学生。我校心育开展多年，覆盖全体学生，"一个都不能少"，学生的心理素质健康水平普遍提高，多年来没有出现心理性重大恶性事件。少数出现心理异常的学生，经接受心理咨询后，也有明显的好转。生动的心理健康教育结出硕果，2016年10月，我校被授予"广东省中小学心理健康教育特色学校"的称号。

四、色彩缤纷的创文行动

为深入贯彻落实习近平总书记系列重要讲话精神和治国理政新理念、新思想、新战略，以"四个坚持、三个支撑、两个走在前列"为统领，贯彻落实广东省第十二次党代会和阳江市第七次党代会精神，我校坚持围绕"以海兴市、绿色发展，决胜全面小康、建设富美阳江"奋斗目标，紧紧围绕市委、市政府关于创建全国文明城市的重大部署，周密计划，积极行动，大力开展"教书育人、环境育人、管理育人、服务育人"的各项活动，广泛动员全体学生，着力营造全校动手、人人参与的舆论氛围，推动各项创建任务的落实，为把我校建设成为学校发展好、学生素质好、校园环境好、创建氛围好的文明校园、平安校园、和谐校园贡献力量。

（一）积极开展社会主义核心价值体系的学习教育活动

我们开展了一系列师生喜闻乐见、简单易行的实践活动，真正丰富了师生的文化生活，提升了师生的文明素质，使学校、家庭、社会形成强大合力，有效地营造了和谐的校园气氛。

（1）开展"弘扬雷锋精神、共建文明风尚"主题的学雷锋活动，培养学生高尚的道德风尚。我校以传承和弘扬雷锋精神为主题，以创建"雷锋式班级"活动为载体，深入开展学雷锋活动，推动学雷锋活动在学生中常态化开展，有效促进我校学生思想道德素质和校园文明程度的进一步提升，将雷锋精神打造成为校园温暖最持久的符号。

① 3月5日学校利用国旗下讲话启动"学雷锋"活动仪式。

② 在学校文化长廊、德育展室开辟"学雷锋"活动专栏，广泛宣传雷锋事迹，弘扬雷锋精神。

③ 学校广播站播放雷锋故事、雷锋日记、感悟雷锋等专栏节目。

④ 各班级召开一次学习雷锋的主题班会，通过讲讲雷锋的故事、背背雷锋的名言、读读雷锋的日记、论论雷锋的精神，增进了集体凝聚力、向心力和荣誉感，努力践行社会主义核心价值观。

⑤ 学校利用班主任会议和全体教师会组织学习深入开展"学雷锋"活动

相关文件精神，并开展"学雷锋"必要性和现实性大讨论活动。

⑥ 开展学雷锋征文比赛。各班组织学生积极地参与全校"在学雷锋的日子里"征文比赛。

⑦ 各班级出一期有关"我与雷锋精神同行"的主题黑板报或手抄报，板报主题鲜明，内容切合班里的实际，大力宣传班中最有代表性、最有意义的好人好事。

⑧ 全体师生积极投身"学雷锋见行动"实践活动，树立起奉献爱心光荣的人生观和价值观。各班组织学习互助小组，开展"一帮一"活动，发扬雷锋钉子精神和助人为乐精神，鼓励成绩好的、有特长的班干部或同学与班上学困生结成"手拉手学习互助小组"；立足身边，继续深入开展爱心助学捐款活动。各班级都认真组织好本班同学积极参与爱心助学捐款活动，为我校的贫困学生捐献"一日零用钱"，将那份火热的爱心传递到他们身上，使他们在今后的学习、生活、人生之路上能放下包袱，勇于前行。

（2）将社会主义核心价值观与行为习惯培养结合起来，与学校工作结合起来。

我们倡议学生"向不良行为告别"，做一个有道德的人。要求全体同学严格遵守《中学生日常行为规范》《广东两阳中学学生文明礼仪规范》的要求，从身边的小事做起，争取向粗鲁告别，向陋习告别；力争把礼貌带进校园，把微笑带给同学，把孝敬带给家长，把谦让带给他人。整学年全校没有发生学生打架斗殴、赌博、偷窃、勒索、喝酒、辱骂教师、故意破坏公物、住宿生夜不归宿等严重违纪现象。形成了目标明确，纪律严明，文明礼貌，团结友爱，奋发向上的良好校风，在全校形成了人人懂文明、人人讲文明、人人践行文明的良好格局。

（3）开展"放飞梦想"读书实践活动。每班都设立"图书角"，将"书香"辐射到每一位学生、每一个班级。推动在全校形成"多读书、读好书"的良好氛围和文明风尚，为学生健康成长构建和谐的育人环境。

（4）开展"班级文化评比""最美教室评比""美化校园我先行"为主题的劳动实践活动。引导学生树立生态文明理念，积极参加"节粮、节水、节电"等环保活动，既培养了学生热爱校园、热爱劳动、热爱集体的情感，使学生真切地体会到校园环境的美化需要大家共同参与，又使学生深深体会到劳动所带来的光荣与快乐，获得思想启迪和精神升华，从而进一步提高爱国精神和思想道德素质。

（5）以各种节日、宣传日、纪念日为契机，组织学生开展道德实践活动，把社会主义核心价值观融入活动中，如利用五一节，开展劳动体验；利用"七七"抗战纪念日、十一国庆节、香港澳门回归等纪念日培养学生的爱国情怀；利用母亲节、父亲节、教师节开展感恩教育活动，培养学生服务人民的意识；利用国际禁毒日和全国法制宣传日开展实践活动，增强学生遵纪守法的观念；通过各年级考试纪律教育，培养学生诚实守信的美好品德；通过组织学生假期社会调查等实践活动，加深学生对社会主义核心价值观的认识和理解。

（6）加强家校联系，不断把社会主义核心价值观活动引向深入。我们通过召开家长会，与家长们一起学习了《家庭肩负着教育孩子学习和践行社会主义核心价值观的重任》。围绕什么是社会主义核心价值观；培养和践行社会主义核心价值观的重要意义，家庭肩负着教育孩子学习和践行社会主义核心价值观的重任，家庭如何教育孩子学习和践行社会主义核心价值观四个方面，引导家长共同学习讨论，展开交流，让社会主义核心价值观深入社会、深入课堂、深入到每个家长和学生的头脑中。

（二）广泛开展"我的中国梦"主题教育实践活动

（1）采用丰富多彩的教育活动形式，对广大学生进行爱国主义、集体主义、社会主义教育，引导青少年树立远大志向。促进学生把个人梦想和民族梦想紧密融合在一起，把个人价值与社会价值紧密结合在一起，把个人命运与国家命运紧密联系在一起。

（2）围绕"我的中国梦"这一主题，结合"我们的节日"抓好主题活动。一是利用重大节日、传统节日、纪念日等，开展党的历史知识教育，开展"我的中国梦"征文、讲座、演讲、文艺表演等系列活动，教育学生追梦寻梦圆梦，爱党爱国爱家，引导广大学生确立远大志向，树立共同理想。二是在重要时间节点，引导学生确立爱国、诚信、孝敬、勤俭等道德规范。依托主题班会、国旗下讲话、团队活动、道德讲堂等载体，举办"中国梦"主题宣讲活动，大力推进"我的中国梦"主题校园文化建设活动。三是结合"道德讲堂"开展感恩教育、诚信教育和法制教育，增强学生的感恩意识、诚信意识和法制意识。

（三）积极开展"做一个有道德的人"的活动

（1）一是开展优秀童谣、歌曲传唱活动，选择适合青少年传唱，有励志上进教育内涵的歌曲，进一步丰富广大青少年的精神文化生活。二是开展中华经典诵读传唱活动，将诵读中华经典、红色经典与学习道德模范、身边好人的先进事迹相结合，引导学生继承优良传统、提高道德素养。三是广泛开展爱学习、爱劳动、爱祖国"三爱"活动，引导学生树立正确的道德价值，增强学生们的社会责任感、创新精神和实践能力。

（2）组织开展"网上祭英烈"、"向国旗敬礼"网上签名寄语活动等，要求学生参与率达到80%以上。

（3）进一步加强学校道德讲堂建设，创新"道德讲堂"活动，丰富"道德讲堂"活动内容与形式，将道德讲堂延伸到教学课堂，不断扩大道德讲堂覆盖面，努力创建"精品"道德讲堂。

（四）开展"文明校园"创建活动

（1）加强校园内宣传栏、校报校刊、校园网和广播站等文化阵地建设，积极组织开展音乐、舞蹈、书画、经典诵读、科技小发明等丰富多彩的校园文化活动。

（2）推进优秀传统美德进校园工作，抓好友善教育，培养学生的爱心、善心、同情心；抓好孝心教育，教育学生孝敬父母，尊敬长辈；抓好诚信教育，引导学生守时、诚信、知错就改。

（3）加强文明礼仪教育，设计活动主题和载体，通过礼仪宣传教育和践行养成，提高学生文明素质，组织开展文明班级评选活动。

（4）广泛开展学雷锋实践活动和社会志愿服务活动，引导广大师生努力成为新时代雷锋精神的传播者、弘扬者和践行者。

（5）组织开展节粮、节水、节电"三节"活动，发扬勤俭节约传统美德，特别要深入开展"杜绝浪费、文明餐桌"主题教育活动，营造劳动光荣、节约光荣的浓厚校园文化氛围。

（6）注重校园精神文化建设，培育良好的校风、学风、教风，凝练符合学校实际的学校精神，提升师生员工共同追求的核心价值，保障师生精神面貌积极向上，师生、同学、家校关系和谐。

（五）净化校园及周边文化环境，创造优良社会文化环境

1. 认真做好校园周边环境集中整治

认真落实教育部门在净化社会文化环境中承担的责任和义务，定期开展校园周边环境排查工作，重点排查违规网吧、娱乐场所、影像制品、非法出版物等影响学生健康成长的场所和文化制品，及时清查校园周边流动摊点、销售网点，并将情况及时报公安、文化等相关部门。

2. 加强学生思想道德建设

结合学校工作实际，加强德育课程教学，在其他学科教学中积极渗透德育内容。充分利用"我们的节日"对学生进行爱国主义和传统文化教育，发挥家庭、社会教育的作用，引导学生不断提高思想道德素质，树立远大理想和信念，增强辨别是非和自我控制的能力。

3. 加强校园文化建设

结合"我与文明同行"、"文明礼仪进校园"活动，继续开展一年一度的"两礼一节"、醒狮队、书画摄影展、经典诵读等校园文化活动，培养学生的审美能力和道德情操，以良好的校园文化对学生进行文化熏陶，促使学生在活动中逐步树立正确的人生观、世界观和价值观。

4. 推荐优秀书刊影视音像作品

每班设立"图书角"，向广大师生推荐优秀书籍、刊物和影视音像作品，丰富学生课余文化生活，教育引导学生自觉抵制有害出版物和有害影像制品。充分利用各级各类爱国主义教育基地和公益性文化设施，加强学生校外教育，促进学生健康成长。

（六）进一步加强学生心理健康教育

充分发挥学校市级心理咨询站的作用，以学校心理咨询室为依托，加强辅导站的基础设施建设，不断完善辅导中心的服务功能，进一步提高心理健康辅导的针对性和实效性。

（七）家校合力，加强家庭教育和养成教育

通过家长学校、家长会、家长信、家访等形式，帮助家长树立科学正确的教育观念，掌握正确的教育方法，让家长在家庭教育上有新的认识，以德为先，注重学生良好品德行为的养成，提高家庭教育指导的针对性和实效性，凸显家庭、家长在家庭教育中的主体地位和学生的参与性，引导家庭、家长营造

民主的家庭教育气氛，使学校、家庭、社会共同形成教育合力。

创建全国文明城市建设真正体现了以师生为主体，以活动为载体，以校园文化为灵魂的融思想性、知识性、参与性、教育性为一体的特点。全国文明城市建设背后是文化、是体制、是科学。我校一定会扎实做好各项工作，积极创建全国文明城市，为阳江市创建全国文明城市贡献一份力量。

第五节　生动的德育效果

我校以党的十九大精神为指导，贯彻落实"立德树人"的教育工作根本任务，积极培育和践行社会主义核心价值观，在学校党委的正确指导和学校各处室的配合下，通过政教处全体同志的共同努力，针对我校实际情况，不断发展和创新德育工作，使学校德育工作与学生实际情况相结合，探索出更适合学生年龄与身心特点、更适合社会发展规律的新举措，创造性地推行生动德育，使德育工作真正落实到学生的学习生活中。坚持以培养具有中华传统美德、有国际视野的合格公民为目标，以学生为主体对象，以"以德树人"为德育主线，以"忠、孝、礼、信、谦、和、勤、朴"为校园文化核心，以"担当（忠）、感恩（孝）、知礼（礼）、诚信（信）、谦虚（谦）、包容（和）、勤奋（勤）、俭朴（朴）"为行为准则，不断增强德育工作的主动性、生动性和实效性，使各项工作收到了预期的效果，形成了全员、全方位、全过程参与的德育模式。

一、提高专业化素养，建成一支优秀的德育管理队伍

教师是学校德育活动的主要实施者，加强德育管理队伍建设，提高其专业化素养，能使德育工作事半功倍。

1. 落实师德教育，加强德育队伍建设

教师是学生的引路人，不但要有扎实的学识，更要有坚定的政治信仰和

理想信念，有高尚的人格修养和道德操守。我校结合实际，制定了《广东两阳中学师德考核办法》《广东两阳中学教师师德失范行为负面清单及处理办法》，探索建立师德建设长效机制，引导教师把教书育人和自我修养结合起来，以德立身、以德立学、以德施教；实施《班主任竞聘上岗方案》，进一步完善班主任工作评价机制；修订《广东两阳中学优秀班主任评比量化标准》和《广东两阳中学班主任绩效考核方案》，提高班主任工作积极性；落实《广东两阳中学班主任工作一日常规》，使班主任工作更有针对性、规范性。召开全校教职工大会深入学习贯彻习近平总书记系列重要讲话精神、学习贯彻全省教育大会精神，做到读原著、学原文、悟原理，补足"精神之钙"，增强"四个意识"，坚定"四个自信"，做到"两个维护"。召开全校班主任队伍落实立德树人工作会议，让有信仰的人讲信仰，让有情怀的人传递情怀，让有品行的人渗透道德，在学生心灵深处埋下真善美的种子。

2. 重视班主任工作培训与交流，不断提高其工作水平

积极组织德育骨干参加市内外各种培训。探讨德育管理方法，剖析工作中存在的问题，借鉴并推广好方法、好举措，力争使班主任工作更加规范，让班主任的思维得以创新、带班办法得以改善。充分发挥骨干班主任的作用，发挥现有的校级名班主任工作坊的作用，将他们在班主任工作中的成功经验进行分享。班主任工作经验分享活动由年级组承办，大家面对面零距离交流，研讨班级管理方法，逐步推广好方法、好举措，使班主任工作更加规范，让班主任的思维得以创新，让带班办法、教育方法得以改善，促使班主任队伍在学习中成长，在交流中共赢。

3. 加强德育科研，探讨新形势下德育工作的针对性、时效性、实效性

加强德育小课题研究工作，重点加强教育案例的撰写，要求班主任期末除了上交工作总结之外，还要提交主题班会教案设计、教育案例，进一步提升教育管理水平，把研究成果及时应用到学校教育工作中去。

一系列举措，成功打造了一支工作责任心强、工作方法灵活、工作成效显著的德育管理队伍，形成待遇有高有低、人员能进能出的用人机制，使我校德育工作更有特色和实效性。

二、推进德育文化建设，打造我校德育特色品牌

教育以德为先，校园文化建设是德育的一个重要组成部分，是素质教育的重要载体。为了践行社会主义核心价值观，传承祖国优秀传统文化，营造浓厚的书香校园氛围，提升校园文化品位，我校采取了一系列措施，打造我校独具特色的生动德育品牌。

（1）建设传统美德教育体系。以"忠、孝、礼、信、谦、和、勤、朴"为校园文化核心，渗透传统文化教育。

① 深入挖掘校园建筑的命名内涵，在平时教育中渗透传统文化教育，对学生提出具体要求。

② 开展班级文化建设活动，要求班名、班训等融入传统文化因素，营造积极向上的班级文化氛围。每学期分别于第三周、第十二周开展班级文化评比，并根据校庆、创建文明城市等重要活动适时更新完善班级文化内容。

③ 进一步继承发扬传统文化，继续开展太极拳进校园和书法进课堂工作，提升学生气质与涵养。

④ 在文艺活动中弘扬传统文化，如举办长棍、双节棍等武术表演，经典诵读，民乐演奏等国粹秀，让全校师生受到传统文化的身心洗礼。

⑤ 将翰林大道、教学楼走廊作为重要的文化阵地，利用宣传栏和教学楼走廊进行相应德育主题教育，表彰先进，树立榜样。

（2）从爱国荣校、理想信念、校规校矩、文明礼仪四方面做好新生入学教育工作。

（3）建设书香校园。配合我市"创建文明城市"活动，采取一系列措施，营造浓厚读书氛围，使整个校园洋溢着浓浓书香。

（4）培养学生优雅行为，开展创建"文明校园"活动。配合我市"创文明城市"活动，开展"文明礼仪"教育活动，寓教育于各项活动中，创建文明校园。通过主题班会、演讲、广播、板报宣传及各种小型文体活动，培养学生的集体荣誉感、卫生意识、文明礼仪习惯和团结、进取的精神及审美意识。

三、坚持理论性和实践性相统一，开展丰富多彩的主题教育活动

我校以弘扬优秀传统文化和培育践行社会主义核心价值观为抓手，充分利用好重要的时间节点和各种教育资源，开展形式多样的德育系列主题教育活动，将"立德树人"工作落到实处。

1. 安全法制教育

（1）加强安全知识的宣讲教育，通过《致家长的一封信》、家校通等形式对家长宣传安全知识。

（2）使用德育考核系统。

（3）继续抓好学生校内、校外的安全工作，继续落实使用"学生进出打卡系统"，签订有关责任书，规范制度，落实好各种措施。

（4）开展系列宣传教育活动，如新生军训、应急疏散演练、法制讲座等。

（5）定期进行安全隐患排查，增强学生的安全和自我保护意识，确保校园的整体安全，进一步加强校园巡防，学校安全部门、校园安全巡查组要加强重点区域、重点时段的安全巡查，及时化解学生矛盾纠纷，排除学生日常生活安全隐患。

2. 家庭教育

组建家长委员会，加强家校互动；设立家长学校，形成家校共管机制。发挥学校的主渠道作用，广泛利用社会资源，促进家校合作，营造协调一致的良好育人环境。例如，通过家长会、"创文、创卫、创森"、远足拉练、成人礼、毕业礼等活动的开展，达到与家长建立紧密联系、取得共识的协同教育目的，明确家庭教育的主体责任，营造良好家校共育的氛围。

3. 心理健康教育

我校进一步深化"广东省中小学心理健康教育特色学校"的教育功能，多渠道积极组织教师，尤其是班主任，学习心育理论，掌握科学的心育方法。制定《广东两阳中学心理健康教育工作实施方案》，逐步把心育融合进德育常规工作，通过耐心细致的思想教育和心理疏导工作，切实从源头上防止学生违法违纪现象的发生，保障了学生健康发展。

4. 积极开展职业生涯规划指导

根据《国家中长期教育改革和发展规划纲要（2010—2020年）》的要求，高中阶段教育要建立学生发展指导制度，为在校生和未升学毕业生提供职业教育。在新高考、走班制的背景下，我校积极应对，采用了多种形式开展职业生涯规划指导。

（1）把生涯规划纳入新生适应手册，进行专题介绍。让学生与家长对生涯规划的重要性有所了解，并通过游学、生涯人物采访、跟亲友上一天班、打暑假工等形式了解大学专业及不同职业。

（2）面向全体学生开设课堂教学。课程包含认识自我、价值观探索、情绪管理、压力应对、时间管理、学习方法、生涯初步探索、生涯访谈及高中生涯规划等内容。

（3）开展系列讲座，让学生多方了解自己的兴趣、专长及职业方向。例如，邀请高校专家、知名校友、学生家长等到我校开展职业生涯规划讲座，帮助学生认识自我，了解高校专业，了解不同行业的情况，从而对未来职业生涯进行科学规划。

（4）加强生涯规划师资培训。积极选派教师参加生涯规划师资培训，提高专业素养。

（5）组织研学团，到广州、北京等地进行研学，让学生在感受祖国大好河山的同时也深入祖国文化宝库，在"游中学"中逐渐清晰未来的发展方向。

四、充分发挥团委作用，创新学生校园文化活动

以"两礼一节"为重点，以主题活动和学生社团为载体，提高活动效果，丰富活动层次，努力打造"两中"特色校园文化。

（1）多层次全方位打造文化品牌活动，把常规活动办"活"，把特色活动办"精"，营造健康、积极、高雅的校园文化氛围。校团委承办了丰富多彩的"岐山文化节"系列活动，包括，十佳主持人比赛、十佳歌手比赛、校庆晚会、创意入场式、校庆游园活动等；协助年级举办成人礼和毕业礼；配合学校举办教师节大会暨文艺晚会；借读书节的契机，弘扬中华优秀传统文化。高二年级举办经典诵读比赛。各项活动反响良好，气氛热烈。通过这些丰富多彩的校园文化活动，充分发挥校园文化的育人导向，陶冶学生的心灵，培养健全的

人格，同时这些活动也成为我校学生工作品牌，增强了学校共青团组织的吸引力和凝聚力。

（2）加强学生社团建设，多元创新发展，打造异彩纷呈的"两中"社团文化。内容丰富、形式多样、机动灵活的学生社团是学校共青团工作的重要阵地。在学校的大力支持下，学生社团发展良好，涌现出合唱社、舞蹈社、文学社、武术社、摄影协会、健美操社等异彩纷呈的学生社团。每年的9月，校团委都会举办社团文化节，为各社团提供展示风采的平台，同时各社团也精心设计展位，创意展示，为社团招收新社员，壮大社团发展。在社团管理上，按照"大力扶持理论学习型社团、热情鼓励学术科技型社团、积极倡导志愿服务型社团、正确引导兴趣爱好型社团"的原则，加大协调指导、宏观管理和监督考评的力度，优化社团发展。

我校德育工作的开展有计划、依实际、讲方法、按步骤，开展生动德育，让学生积极参与到德育活动中，通过丰富充实的教育内容与灵活多样的德育方式，增强德育工作的吸引力、感染力和针对性、实效性。学校的德育工作取得了显著效果。

第六章

打造生动德育的管理队伍

　　为进一步提升学校办学品位和特色，我校全面落实"德为先、生为本、师为重"办学理念，大力增强德育的人本化内涵，把规范内化为师生的主动行为，系统推进生动教育有关的各项工作，走特色化内涵发展之路，努力构建以人为本的和谐校园。

第一节 生动的管理工作目标

一、总体目标

通过生动管理教育，形成强大的生动管理育人机制，积极探索出一条为师生终身发展奠定基础的自主管理模式。学校尽力为全校师生提供全面展示才华的空间和舞台，让学生成为学校的主人、学习的主人、生活的主人、国家的主人。切实做到"以生为本，自主管理，教师有效引导"，帮助师生在各种活动中提高自主管理的能力。

二、各年级具体目标

1. 高一年级

逐步建立并完善各项常规管理制度，实行小组目标管理，完善班干部竞选制度，建立班务工作评价机制。明确责任，渗透民主评议思想。让学生参与班级、学校、家庭、社区实践体验活动，从中增强自我管理能力，并逐步学习为他人、为集体服务，学会关心父母、关心社会，照章办事、明确责任，逐步形成"人人有事做，事事有人做"的良性循环局面。

2. 高二年级

完善"生动管理"的思想。构建"星级评价"小组竞赛自主管理体系，即"科学分组—设定目标—人人争优—小组反思—评价激励"。根据每个小组自主管理的得分情况，每日、每周、每月、每学期对每个小组进行评价，表扬先进，激励每个同学不断进步，让学生在参与实践体验活动中，学会为他人、为集体、为社会服务，增强责任心。

3. 高三年级

让学生学会有效的生动管理，增强学生的主人翁意识，达到自主学习、自主管理、自我成长的目的。利用一定的途径使学生从"要我怎样"向"我要怎样"转变，实现由他律到自律、从自律到自觉的过渡，逐步走向成熟。

三、生动管理模式以及措施

在管理体系和育人体系方面，学校创新学生主体性教育管理模式，从大处着眼，小处着手，分个人、班级、学校三个层面，创造学生自主管理的舆论氛围，为学生张扬个性、锻造自我搭建平台。达成如下具体工作目标以及措施。

1. 学生个人自主管理模式

让每一个学生体验、感受到自己成长的历程，创造一切机会，让学生在学习中、在校园里、在社会生活中，找到学习的快乐，找到成功的感觉。培养学生学会自控、自制。同时培养学生增强竞争意识，达到自主管理。

措施：学生制订个人发展计划；每个学生建立成长记录手册（手册内记录学生一次自己满意的作业，一个良好习惯的形成，一次学习中的反思，一次整理得非常好的学习笔记本，一次课外练笔，一份研究性作业，一次获奖，一次成功的经历等）；开展多种形式的评价（阶段性地开展自我评价、小组评价、教师评价、家长评价等评价活动）。

2. 班集体学生自主管理

班主任从前台走向幕后，成为学生的参谋和帮手，充分相信学生，使他们成为"自主管理"的志愿者和自觉者。让学生懂得"我应该"、"我可以"、"我反对"，其目的就是要变学生的"被动"为"自主"，变"听话"为"自律"，变"严严实实"为"生动活泼"，变"中规中矩"为"敢想敢说"。让学生学会自己管理自己，通过自主管理让学生能在一个和谐的教育环境下学习与生活，确保学生能生动、自主地健康发展。

措施：一是共同制定目标，创建班级文化，例如，让学生确定班级的发展目标，引导学生群策群力，集中大家的智慧，共建和谐奋进的班级文化氛围，制定班规班约、愿景等，提出班级的口号。二是丰富班级管理角色，强化班干部队伍的培养。三是自查、互查相结合，实行自我监控。

3. 学校学生自主管理

从学生实际能力出发，让学生参与学校管理，使他们真正做学校的主人，在参与中增强责任感，在参与中成长发展。

措施：

（1）设立"校长信箱"，让学生为学校管理、学生管理献计献策，设立"金点子奖"。

（2）建设以"校团委—学生会—级委会—班委会"为主线的学生自主管理机构。

（3）创设舞台，让更多的学生获得锻炼自己的机会。例如，在学生行为管理，校园环境管理，两操及日常规范等方面予以示范、疏导、监督；开展学校大型的"两礼一节"、"五四青年节"、各类主题教育活动等，包括团支部组织、班干部的考核、重组和筹建由学生自主参与策划、编排、主持等。在抓好课堂教学主渠道的同时，进一步拓展学生社团活动，因地制宜开发校本课程和校园广播站等。

四、生动管理队伍

1. 常规德育队伍

学校建立以"校行政—政教处—年级组—班主任"为主体的"常规德育队伍"，作为德育常规管理的主力军，保证日常规范教育的有序开展。德育工作从上到下，从校长到班主任层层抓，德育工作小组每学期都有德育工作计划，每月都召开德育工作会议，全体德育教师学习德育理论，研究和布置德育工作，每学期有德育工作总结，每学年评出德育工作先进分子。

对班主任队伍的建设实现四个推进：论坛推进、现场推进、评价推进、表彰推进。

（1）学校每学年开展"班主任校外拓展活动"，凝聚了班主任团队的凝聚力。

（2）为实现团队共同成长，学校推行"德育备课制"。一是学校召开专门班主任会议，通过会议的形式指导班主任开展德育反思课、开学第一课、主题班会及班级文化创建工作的技能及方法，如何总结阶段工作中的成绩，如何分析并解决工作中存在的问题。二是年级组每周的例会。年级组每周的例会也是班主任工作例会，分年级组集中备课一次，就当周年级发展现状做针对性的分析，并对下一周工作做集体备课，进一步构建班主任队伍学习组织。

（3）注重提升的校本培训，开展"班主任工作艺术沙龙活动"。聘请外校德育专家开办讲座，观看访谈录像，学习班主任工作优秀案例，学校、年级组为单位展开德育主题进行大讨论，推进了班主任定期校本培训的开展。

2. 课堂渗透德育队伍

学校建立以"校行政—教务处、教研处—备课组—任课教师"为主体的"课堂渗透德育队伍"，把德育渗透到学科教学活动中。

3. 心理健康德育队伍

学校建立以"政教处—心理科组—兼职心理老师—班级心理委员—心理社团"为主体的"心理健康德育队伍"。制订并实施我校心理健康教育计划，承担心理健康教育的教学、科研任务，对全校学生开展心理健康教育，把预防心理危机工作下移，把干预危机工作前置。

早在2004年10月，我校就成立了"广东两阳中学心理健康教育领导小组"和"广东两阳中学心理健康指导小组"。2015年9月，因学校领导班子人员变动，领导小组和指导小组人员亦做出新的调整。2019年2月，因为学校心理健康教育工作需要，成立心理科组，由专职心理教师组成。

在广东两阳中学心理健康教育领导小组领导下，制订并实施心理健康教育计划，承担有关心理健康教育方面的科研任务和课题研究，对全校心理健康教育工作人员进行理论、实践等方面业务指导，对全校学生开展心理健康教育。

4. 心理科组

心理科组的职责：根据上级教育部门的要求，在"广东两阳中学心理健康教育领导小组"的领导下，制订并实施本校心理健康教育计划，承担心理健康教育的教学任务；对全校教师进行理论、实践等方面的业务指导，对全校学生开展心理健康教育；执行上级教育部门、学校有关心理健康教育方面的工作任务，承担有关心理健康教育方面的科研任务。

5. 学生自主管理队伍

学校建立以"校团委、学生会—级委会—班委会—团支部"为主体的"学生自主管理队伍"，发挥学生主体的自觉能动性，积极参与、组织学校各类活动。以行为规范教育为主题，以道德教育为基础，以自我管理为抓手，培养学生的"自我管理"意识，使学生通过行为规范的养成，逐渐向自主管理方向发展。

（1）强化思想引导教育

① 每学期开学初学校都大力加强宣传学习《中小学生行为规范》《广东两阳中学学生一日常规》，学期中开展"学生常规、自主管理强化教育系列活动"，对全体学生开展系列养成教育、道德教育、公民意识教育，充分发挥了学生主观能动性，逐渐将良好的行为规范、公民道德准则逐步内化为学生的自主行为。

② 为进一步在班级、校内掀起"抓行为规范，展良好风貌"的热潮，每学期全校开展"百名行为规范优秀学生"、"百名校园优秀小主人"等评比表彰活动。

（2）丰富特色内涵

我校"生动管理"教育内容分五大板块，分别是"行为自我约束教育"、"生活自我管理教育"、"自我激励教育"、"班级自主建设教育"、"人格自我完善教育"，依次按"日常行为规范层—基本道德准则层—做人做事能力层—自我教育发展层"深入对学生开展"自主管理教育"。

（3）创新推进措施

① 创新培训机制：学校构建校、年级、班级三级网络，分层培训、具体指导。每周召开学生会、团委会、级委会工作例会（定时、定点进行，做好记录）。

② 创新基层建设：为加强对各班基层班委会工作组建设，校学生会每周对班级班委会工作进行检查评比。

③ 创新评价机制：一是各班班委会制定了适合自己本班情况的评价体系。二是各班有效、如实填写完成"班级工作日志"。最后一节课，各班班委会都会有部署地对一天工作情况、班级发展情况做有效点评。三是各班每天积极做好"班级小组竞争"评比活动。

（4）创新特色活动

① 积极开展"校园主人在行动"系列活动，如"我的学校我做主"、"校园小主人信箱"、"校园小主人网页"等。

② 由校学生会统筹安排学校系列活动，如每周升旗仪式，校"体育节"、"艺术节"、"科技节"部分活动的设计、筹备工作，"生命教育"系

列活动，"弘扬和培育民族精神"系列活动，"美德少年"评选表彰活动、"感恩教育"、法制安全教育、心理健康教育等等。

③ 积极开展"学生自主管理示范班级"、"特色班级"的创建活动，推进班集体建设。

（5）服务育人队伍

建立以"校行政—总务、后勤--食堂管理中心、宿舍管理中心、安保中心—临时聘用员工"为主体的服务育人队伍。

五、"生动管理"的成效

通过学校的"生动管理"尝试，大大提高了学生自我教育、自我管理的能力。有一位家长在与我们交流中谈道："自学校开展'生动管理'以来，孩子开始在家帮助家里做事，自己动手洗衣服，感觉到孩子变得更懂事了，做事也认真了。"有一位学生说："管理他人并非是件易事，需要他人的配合，如我们在检查仪容仪表时，有的同学就是不让你检查，你态度要是硬些，他还跟你吵，遇到这种情况最让人头痛、尴尬。这使我明白管理不仅仅是纸上的规章制度，而是我们去自觉遵守。"学生的自我管理无形中扩大了教师管理的范围和视野，使我校校风、学风进一步优化，教育教学质量稳步提高。

第二节　打造生动管理体系

广东两阳中学一直以创建"三优"校园为目标，着力践行"德为先，生为本，师为重"的办学理念，推行生动教育的教育管理模式，以生为本，尊重个性，规范制度，自主管理，充分调动学生的积极性，让学生主动参与教育的各个环节，让学生参与并行动起来，努力打造丰富多彩、独具特色的生动校园。生动教育可以大大提高学校管理的效率和质量，有利于激发学生的学习兴趣，调动学生参与的积极性、主动性，有利于增强学生的创新意识，提高实践能力，培育高尚的品格、健全的身心，学校将努力实现角色的自我转变，由牧羊人到领头羊，实现学生自主管理、自我服务、自我监督纠正，使生动教育的理念深深植根于学生，为学生人格的塑造、校风的改善、教育质量的提高和高素质人才的培养，提供有意义的探索。

作为学校的团委，要主动融入教育大局，围绕中学教育事业改革和人才培养大局，彰显共青团的组织特征和特色优势，坚持立德树人，坚持以服务学生成长成才为出发点和落脚点，尊重学生主体地位。深化以学生为中心的改革，把准学生脉搏，了解学生心声，坚持服务学生的工作生命线，让学生当团学工作和活动的主角，问需问策问效于学生。结合生动教育的理念，我们探索建立党领导下的"一心双环"中学团学组织格局，即以团组织为核心和枢纽，以学生会为学生"自我服务、自我管理、自我教育、自我监督"主体组织，以学生社团及相关学生组织为外围手臂延伸。突出学生会的主体作用，是发挥学生会作为学生独立组织功能、确保学生主体地位的重要保障。以学生社团及相关学生组织作为外围延伸手臂，是新形势下积极探索团学组织格局和整合学生资源、形成育人合力的重要举措。因此，形式上的"一心双环"，主要体现在组织架构上的布局设计。内容上的"一心双环"，主要体现在学生会和学生社团等学生组织协同开展工作这一层面。功能上的"一心双环"，主要体现两者之间的协同育人功效（见图6-2-1）。

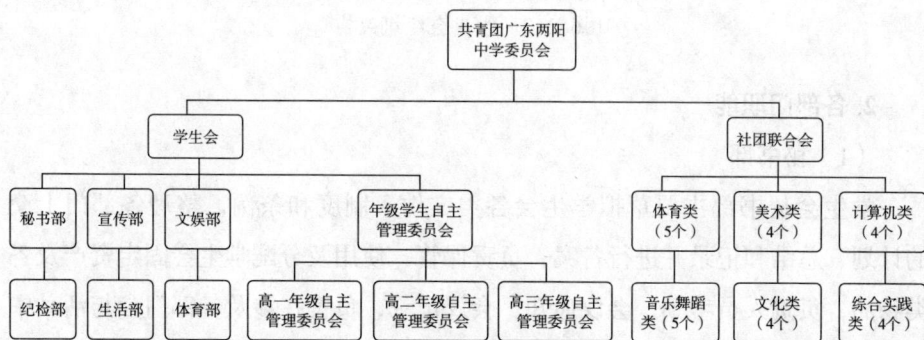

图6-2-1　"一心双环"结构

一、学生会

广东两阳中学学生会是全校性学生群众组织，是学生自我管理、自我教育、自我服务、自我监督的组织。凡是我校学生都是学生会的当然成员，学生会的干部采取推荐与自荐相结合的方式，通过竞职演讲和学生代表大会选举产生，最后由学校领导批准。学生会的主要任务是在学校党委的领导，校团委的指导下，团结全体同学，贯彻党的教育方针，执行学校管理制度，积极开展学习、自我教育、志愿服务、文体竞赛等各种活动，引导同学努力提高思想素质、科学文化素质、身体素质、审美素质和劳动技能素质等，成为全民发展的高素质人才。

1. 学生会组织架构

学生会以主席团为领导核心，包括学生会主席一人、副主席三人。在主席团以下设六个职能部门，包括秘书部、宣传部、纪检部、生活部、体育部和文娱部。各职能部设部长、副部长及干事若干人（见图6-2-2）。

图6-2-2 学生会组织架构

2. 各部门职能

（1）秘书部

学生会秘书部主要草拟学生会各类文件、制度和条例，整理各部门上交的计划、总结和记录并进行备案，负责保管、使用及分配学生会固定资产及各类物品，负责人员考勤、会议通知、会议记录，负责在涉及各部门参与活动中做好人员调配，负责在涉及多部门参与活动中做好活动安排，负责整理并提供工作所需资料，协调各部门工作，保证学生会工作顺利进行。秘书部的职能可以概括为以下几个方面：

① 文档管理：负责学生会内部的文档管理，上级来文的签收、落实，基

层学生组织请示的批复，办公室规章制度、工作计划、工作总结以及与学生会有关条例制度的起草拟订，所有文件资料的清理、归档、立卷、保管；学校各部门工作简报的收集与汇总。

② 会务工作：负责安排学生会各级各类会议，做好会议的前期准备、记录等工作。

③ 资产管理：负责学生会印章、固定资产、财务等的使用与管理。

④ 信访处理：负责来信、来函、来电的处理，来访的接待。

⑤ 办公室管理：负责学生会办公用品的购置和报刊资料的订阅领取，安排办公室值班，做好办公室清洁卫生，等等。

⑥ 定期召开例会，结合工作实际讨论开展各类相关活动，定期向主席团汇报工作，并协助主席和副主席处理一切学生会的事宜。

⑦ 负责学生会重大活动的策划书，安排活动地点、所需人员等。活动结束后，秘书处还要收集活动总结，总结不足之处并改正。

⑧ 拍照：秘书处负责各项活动的拍照工作，采集各年级在各项活动中的图片信息，作为学习和参考的重要资料。

（2）宣传部

宣传部是学生会重要的部门之一，是我校学生宣传校园文化的主阵地，是报道先进事迹的一个职能部门，与学生会其他部门协调合作、协助各部门通过各种渠道传播校园文化活动。其主要工作职能如下：

① 制作各种活动的宣传海报及横幅，布置学校团委及学生会举行的各种活动的背景及各种展览活动。

② 管理学校宣传栏，对班级文化进行评比，等等。

③ 组织、开展有关艺术创作等活动。

④ 协调广播站、摄影社、文娱部、体育部等部门对学校及学生会的重大活动进行全方位的宣传。

（3）文娱部

文娱部是学生会的重要职能部门之一，旨在繁荣校园文化，拓展学生综合素质，丰富广大学生课余文化生活。其主要工作职能如下：

① 承办各类校级大型文艺活动，对外注重与其他学校的联谊活动，宣传学校及全校师生积极向上的健康形象。

② 丰富同学的课余生活，提高同学们的文化艺术修养，陶冶学生情操。

③ 为广大学生提供一个"演绎自我风采，展现个人特长"的青春大舞台，为我校营造一个高雅向上的艺术气氛。

④ 以学生会雄厚的基层力量为后盾，组织全校学生通过文化和艺术活动，丰富同学们的学习生活，使校园生活拥有更多层面，更多的精彩。

（4）体育部

体育部也是学生会的一个重要部门，本着"服务同学，团结同学，增强体魄"的原则，积极开展体育活动，丰富同学生活。其主要工作职能如下：

① 提高全校同学的身体素质，满足体育爱好者的需要，丰富我校同学的课余文体活动，促进同学之间的交流。

② 帮助同学养成良好的体育锻炼习惯，在全校开展体育普及活动。

③ 组织校内外体育比赛，并倡导良好赛风。

（5）纪检部

纪检部是维持良好校风的一支重要力量，以"公正、严谨、求实"为工作原则，参与学校德育管理，维护学校正常教学秩序，参与监督检查。其主要工作职能如下：

① 定期召开各年级纪检委员会工作会议，及时传达学校有关纪律安全方面的会议精神，并要求各年级纪检组长汇报上阶段的工作情况及下一阶段的工作计划。如有需要共同商讨的问题会上要及时提出，以便得到及时处理。

② 组织各年级自主管理委员会和校学生会成员对校园不文明行为进行检查，对违犯的同学通报批评，以告诫其他同学在公共场合注意自己的行为。

③ 负责各栋学生宿舍的日常违纪违规检查。定期组织纪检部成员进入宿舍进行违章用电（包括酒精炉、热得快等违章用电器）的查处，一经查出，纪检部将现场没收违章用电器，并做相应的违章记录，以进行通报批评。

④ 在学生会其他各部组织的各项活动中负责维持好会场的秩序，以协助活动正常有序地进行。

⑤ 定期开展全校学生法制与安全教育宣传工作，增强学生遵纪守法的意识。

（6）生活部

生活部是学生生活的服务性机构，秉承"为学生服务"的理念，致力于全面了解和掌握同学们"吃、穿、住、行"的生活。其主要工作职能如下：

① 向学校反映同学们对生活、学校环境方面的意见和要求，是全校同学对食堂管理的代言人和监督者。

② 关心同学们的生活，建立学生意见反映渠道。

③ 协助学校总务处对校园周围的环境卫生，饭堂、教学楼内卫生进行监督管理。

④ 定期举办各类富有特色的活动，为同学们带来乐趣和帮助。开展各种形式的讲座，对全校学生进行培训和安全教育。

⑤ 负责学生会组织的各种集体活动的后勤服务工作。

3. 体系建设与管理实施

（1）健全完善生动管理体系，加强学生干部队伍建设，更好地实现学生的自我教育、自我管理、自我服务、自我监督。抓机制建设，完善组织架构，建立党组织领导下的"一心双环"中学团学组织格局，以团委为核心，以学生会、社团联合会为双翼，以团校、年级、班级、团支部为辅，发挥团学组织自我教育、自我管理、自我服务、自我监督的功能。进一步健全完善了《学生会干部竞选制度》《学生干部考评制度》等制度条规，形成了团学工作的长效机制，增强了团学工作活力及在学生中的影响力。做好团学干部的选拔任用、培训工作，出台学生干部考核条例，加强团学干部的培养，使团委、学生会更好地服务广大师生。团委、学生会是践行生动管理的重要平台，在这里学生通过自主管理，可以边工作，边学习并使工作和学习紧密结合，在自主管理中自己发现问题，自己选择组成团队，自己选定进取目标，自己分析原因，自己制定对策，自己组织实施，自己检查效果，自己评价自己。团队成员在自主管理过程中，形成共同的愿景，以开放的心态互相学习，不断掌握新的知识，不断进行创新，从而提升自我的能力和素养，成为新时代合格的接班人。

（2）为学生创建学校常规管理的平台，提高学生自主参与、管理班级、学校事务的积极性，增强主人翁意识。生动管理的实现路径，是向上以团委、学生会、社团为主的校级管理体系，向下以级委会、班级、团支部为主的年级管理体系，在学校党委的领导和学校团委的指导下，通过一系列形式生动、内容丰富的活动，实现自主教育、自主管理、自主服务、自主监督，从而达到自我提高，共同发展的目的。学生可以通过团委、学生会的平台参与学校的部分常规管理工作，为广大学生代言，积极维护学生权益。团委、学生会和年级委员会是联系校方与学生、教师和学生、班级与班级间沟通交流的桥梁，能够第一时间及时了解实际问题，更好地为全校师生提供服务。例如配合学校政教管理，负责班级常规突击检查、饭堂值日与检查、文明宿舍和优美班级评比等工作；了解同学们生活方面的情况，负责收集、筛选及整理同学们的意见、建议，接受同学们的投诉，并帮助他们解决问题，维护他们的合法权益；负责同学失物招领工作；策划各种相关活动，宣传学生维权知识，增强学生维权意识；等等。在课余时间，以团委、学生会为主渠道，以年级委员会为辅，实现学生自主管理，提高了学生自我管理的意识和能力，让学生由被动管理走向主动参与，让一部分学生做全校文明行为的榜样，带动全校同学养成讲文明、守纪律的良好习惯，共同营造和谐的校园气氛，提升我校的管理水平。

二、年级学生自主管理委员会

根据学校工作计划、各处室工作计划以及年级德育工作的需要，结合年级学生实际情况成立的年级学生自主管理委员会，以学生自我管理、自我教育、自我成长为目的，培养学生的组织管理和协调能力，为学生的未来发展做准备，打造学生自主管理特色和良好的校园文化，达到管是为了不管的目的。年级自主管理委员会是在学校政教处、校团委、年级领导小组的指导下，在学生会纪检部和年级全体学生的密切配合下的年级学生的群体组织，是年级组全体学生的忠实代表，是年级组联系广大学生的桥梁和纽带，是年级实施科学化决策、精细化管理、个性化发展的必然需求。

1. 年级自主管理委员会组织架构

（1）领导机构

组　长：各年级级长。

副组长：各年级副级长。

成　员：各班班主任。

（2）年级学生自主管理委员会

组　　长：从各班班长推选2名。

副组长：从各班班长推选2名。

成　　员：各班纪律委员。

（3）班级学生自主管理委员会

班级学生自管会由班委会、团支部组织，实行值日和值周班制度，在班主任的指导下实施。

2. 各部门职能

年级学生自主管理委员会（简称级委会）除各部负责的常规工作以外，执行政教处、校团委、年级组安排的值周检查，督促好学生的学习、生活、安全。做好各种记录，以便工作指导小组查询、统计。如有特殊情况要向级委会组长请假，并及时与他人调班检查，不得空岗。

（1）文体部工作职责

① 负责发动、引导学生锻炼身体，增强体质，组织全年级同学积极参加各种文体活动。

② 配合团委、学生会、音乐组、体育组搞好全校性的大型文体活动，抓好课间操、眼保健操及集会检查，对纪律松懈、无故不上操者予以通报批评，将名单上报年级组。

③ 对各班的文艺、体育委员的工作进行监督，对指挥不力、行为不规范的文艺、体育委员给予个别训练和指导。

④ 负责学校、年级组应急疏散、安全隐患报告工作。在我校、年级组举行活动、会议、集会时，文体部积极配合校治安工作，及时安排人员到位，维护正常的秩序。

（2）纪检部工作职责

① 负责年级同学纪律情况检查、评比、违纪处理工作，召开各班的纪律委员会议，总结年级各班同学的违纪情况。有重大违纪事件立即报告学生会纪检部、年级组、政教处。

② 协助学生处做好日常行为规范的检查工作，如仪容仪表、服饰、发型、吸烟、手机、男女生过密接触等。每日、每周1～2次不定时抽查，对重点部位严防死守。

③ 对各班纪律委员的工作进行监督，对监管不力、行为不规范的班委纪律委员，给予个别培训和指导。

④ 每天早读（6：45—7：30），自修（19：20—19：40）期间巡查教室学生纪律、自习及违纪情况。

（3）生活部工作职责

① 定期召开各班劳动委员会议，布置劳动、卫生任务，负责检查、督促各班教室、公共区卫生。

② 协助总务处、年级组、团委分配好校园劳动、志愿者公益劳动等任务，并监督检查劳动的质量和数量。统筹划分安排好突击性和临时性的劳动、卫生任务。

③ 早读和晚修前检查教室卫生，定期对各班进行清洁卫生大检查。

④ 检查各班校产，对各种隐患和校产损失及时向总务处汇报，做到防患于未然，保证学校的正常秩序。

（4）宿管部工作职责

承担年级住宿生生活管理职责，致力于为同学创造一个良好生活环境。男女生宿舍各选一名楼长，每层选一名层长，每间选一名舍长，分组、分年级按《广东两阳中学宿舍管理条例》进行监管。

① 部长每天进行统计，整理和公布宿舍人员归寝情况、卫生完成情况和宿舍秩序。

② 及时处理宿舍内各种违纪现象，定期召开楼长、舍长会议，收集、听取大家对宿舍管理方面的意见。

③ 协助宿管员开展好安全、卫生、管理等各项工作，开展好"文明宿舍"的评比活动。

④ 定期召开各班生活委员会议，收集、听取大家对宿舍管理方面的意见。

（5）级委会组长、副组长工作职责

级委会组长负责主持级委会日常工作。

① 负责组织、监督和检查各部工作情况，协调各部关系，及时解决各部工作中存在的问题。

② 定期召开级委会议，安排、布置各部工作。

③ 安排级委会成员的工作，落实到具体时间、地点和事务，监督和检查级委会成员一周工作情况的统计、总结、评比。

④ 及时向年级组、团委、政教处汇报工作情况，传达学校指示精神。

⑤ 召开各班主要干部会议，了解学生意见、要求和思想动向。

⑥ 在政教处、团委的领导下抓好学生的日常管理工作和思想政治工作。

3. 实施过程和操作内容

（1）年级学生自主管理委员会实行日检查、周汇总、月小结、年度总结制度，严格实行"问责制"管理。具体实施内容包括：

① 面向年级学生公开招聘、选拔组织管理能力强，责任心强和服务意识强的学生参加级委会，并由政教处、团委或年级组负责培训级委会干部，安排和指导值周值日等工作。

② 值周期间，必须严格按《广东两阳中学学生自主管理量化考核办法》和《广东两阳中学班级量化考核办法》履行职责（如出现不明情况，须在级委会讨论后处理。个别超出级委会解决范围和能力的严重问题，须呈报年级组解决），不准出现不负责任的行为。

③ 值日、值周结束后由对应的日或周负责人协同值周年级组长或值周领导进行日或周总结，同时做好下日或周的交接工作，并将检查结果计算、汇总、记录、反馈给级委会领导小组，以期在后面的自主管理工作中予以改进或修正。

（2）整个自我管理工作以级委会建设为主、以点带面推动学生自主化管理，推动整个教育教学工作平稳、顺利、健康、快速的发展。

① 由年级组组织成立和领导年级自主管理委员会，培训和指导年级各项自主管理工作。

② 年级组要抓好年级学生自主管理工作，既要步调一致落实年级级委会的工作安排，又要发挥班级学生自管会的积极性、基础性，创造性地开展工作。

整个级委会自主管理工作以班级自管会建设为辅，带动年级各项管理制度的落实。班级自主管理会由团支部、班委会组织，在班主任的指导下制订本班级学生自主教育管理方案。

各班要根据本班实际，结合学校规定制订符合班情的班级管理办法（如班规、班纪和班级量化考核细则，班干部职责等）。

4.评价机制

（1）指导小组抽查各部工作情况，作为考评依据。

（2）在学生干部监督管理过程中，如遇到不接受管理的同学，有权给予批评教育。对情节较严重者，提交政教处给予处理。

（3）每学期期中和期末，配合团委、政教处召开学生自主教育管理工作总结交流会。

（4）学年度的校级、市级等各类优秀学生（干部）原则上从年级自主管理委员连续三月考核优异的干部中产生。

三、社团联合会

学生社团是课堂教学的延伸，是实现学生全面综合、有个性发展的重要途径。我校学生社团以"以生为本，尊重个性，因材施教"为活动宗旨，着力把社团活动打造成学生热爱学习、获取知识、发展能力和提升综合素质的生动载体，尽可能让每个学生能充分发展兴趣，激发内在潜能，张扬个性特长。学生社团，是一片属于学生自己的天空，学生自主选择、自主体验、自主成长，最终实现学生人人参与、人人成长、人人成功，学生们在社团的组建和发展中所展示出的创新能力、自主管理的全面性、全员性和全程性，展现着青春蓬勃的生命力和未来发展的无限潜力。

1.社团联合会组织框架（见图6-2-3）

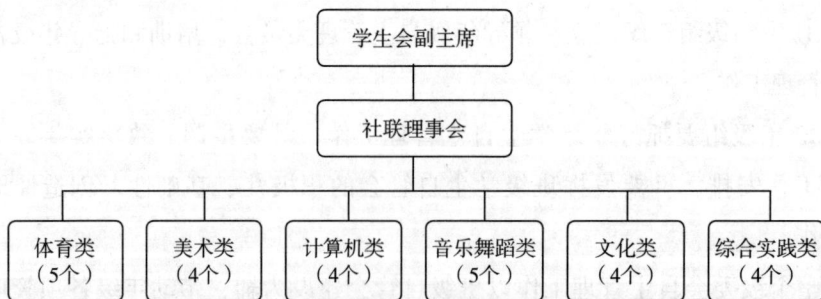

图6-2-3 社团联合会组织框架

2013—2019年广东两阳中学学生社团分类统计表

序号	类别	社团名称	成立时间
1	文学类	蓓蕾文学社	2005年
2		讲辩社	2015年
3		阅读社	2015年
4		书法社	2015年
5	音乐、舞蹈类	舞蹈社	2013年
6		合唱社	2016年
7		"两中"好声音	2016年
8		古筝社	2015年
9		琵琶社	2015年
10		笛子社	2015年
11		二胡社	2015年
12		民乐团	2018年
13		醒狮队	2016年
14		健美操队	2013年
15		街舞社	2013年
16	体育类	篮球社	2014年
17		毽球社	2015年
18		足球队	2018年
19		太极社	2016年
20		双节棍社	2016年
21	综合实践类	校园之声广播站	2005年
22		国旗护卫队	2014年
23		礼仪队	2015年
24		志愿者协会	2015年
25		摄影协会	2014年
26		心理协会	2014年
27		天文社	2015年
28		动漫社	2015年
29		计算机协会	2016年

2. 自主管理，规范发展

学校学生社团作为校园文化和素质教育的主要载体，是对学生进行自我教育、自我管理、自我服务、自我约束的重要场所，结合现代教育的特点，充分发挥社团的群体凝聚功能、思想教育功能，在教师的引导下，组织学生参加有针对性的社团活动和参与社团的建设与管理，达到学生自我教育、自我管理、自我服务、自我约束的目的，是推行生动教育与管理的有效途径之一。

在社团的建设与发展中，学生不仅是社团活动的参与者，更是社团发展的管理者。为了培养学生的自主意识，使学生进行自我教育，实现自我管理，学校积极探索建立以开展社团活动为载体的学生自主管理模式，鼓励学生人人参与自律活动，激励每个学生的自律意识，使自律成为每个学生提高个人修养的内在需求，努力构建新的学生自律机制、增强学生自治能力。为确保社团有序运行、活动正常开展、学生有效自治，学校对学生社团的管理有着严格的规范。每个学生社团都要根据校团委要求制定社团的章程和制度，确保社团管理的规范化；每个学期要制定社团活动计划和撰写活动总结，每次活动都要填写社团活动记录本、收集活动图片、撰写活动小结。建立一套有序的、民主的内部管理制度，从社团负责人的选拔、确定到各社团成员的发展以及活动经费的管理等都要有章可循，违章必究。校团委建立一套以学生为主体、以教师为指导的检查制度，定期组织学生对学生社团的日常工作和活动情况进行评估、检查，极大调动了学生们的热情和积极性，促进了社团管理水平的提升。学校通过支持社团的正常发展，鼓励学生自主管理社团，让学生主体意识在自主活动中逐渐觉醒，让他们自觉形成责任、自制、团结、合作等正确的价值观，从而实现学生的自主管理和自我发展。

3. 丰富活动，绽放生动魅力

学生社团以活动为依托，发展学生兴趣，挖掘潜在才能，张扬内在个性，丰富校园生活。每个学生社团都会定时定点开展社团的常规活动课，每周一至周五下午五点后为社团开展常规活动课的时间，时长为1～1.5小时，一般由指导教师或社长、社员组织课堂。活动课形式多样，如课堂讲授、分享交流、活动实践等。例如书法社的常规活动课主要是组织学生练习毛笔书法，从字的基本笔画到间架结构，以及执笔、坐姿等，培养学生的耐心及对中华传统文化进行传承。篮球社的常规活动为培训学生篮球方面的基本知识和基本技能，协助组织校内校外篮球比赛，发掘我校篮球人才，增强学生体质，丰富课余生活。校园之声广播站主要培养学生良好的口头表达能力，提高学生普通话会话水平，并具有良好的演讲能力，能基本掌握广播的要求和常识，可以承担班级、广播站、学校大型文体活动的主持任务，等等。

学校社团活动丰富多彩，学生积极参与，踊跃参加比赛，在多姿多彩的活动中发现自我和成就自我。

每学年，学校都会开展意义丰富、形式多样、多姿多彩的主题活动，加强学生日常行为规范养成教育的力度，促进学生的全面发展。基于本校的实际，结合重大节日及纪念日，学校开展一系列如艺术节、科技节、体育节、读书月、雷锋月、感恩月、红五月、传统文化周、社团文化节等集教育性、趣味性、时代性、实践性为一体的活动。通过丰富多彩的体验教育活动，让学生在社团活动中"动"起来，既拓展了学生的活动领域，又让学生能正确认识自己，看到自己的优缺点，扬长避短，养成良好的行为习惯，保持健康的心理状态，促进自我的全面发展。例如，在每年的校庆艺术节中，每个学生社团的成员都会踊跃参加校庆艺术节晚会节目的征集活动，都会积极参与晚会节目的策划与排练，为社团节目出谋划策，精心排练，争取在校庆晚会的舞台上展现风采；每年的社团文化节，各社团学生都会自己设计宣传海报和招聘公告，用各种创意形式来介绍和展示本社团的风采，如健美操表演、街舞表演、武术表演、汉服展示、朗诵、书法、篮球秀等，以吸引更多的学生加入社团大家庭；每年的雷锋月活动，每个社团都会积极参与义卖活动，通过多样的形式筹集更多的爱心善款，如进行现场绘画、乐器表演、唱歌、书法作品义卖等，将筹集到的爱心善款全部捐赠给贫困山区的孩子。通过社团主题活动，渗透对学生做人的教育，以及合作精神、奋斗精神、志愿精神等人文素质教育，培养学生健全的人格，团结协作、勇于进取的品质，科学的思维方式，以及高品位的文化素养，促进学生的全面发展，培养新时代的社会主义接班人。

作为生动教育的重要途径，学生社团的建设与管理，需要不断地反思与摸索，"两中"以学生的实际发展为教育的出发点，将继续在生动教育路上找寻社团的多元化发展，勇于实践，勤于反思，敢于创新，让社团绽放精彩，让生动激扬青春，让学生在社团的平台上，学习本领，彰显个性，发展潜能，提升能力，不断感受生命成长的快乐和幸福。

第三节 生动管理的效果

生动管理是确立学生在管理过程中的主导地位，以灵动有趣的形式和载体调动学生的主动性、积极性、创造性，以实现组织目标和促进人的全面发展的管理活动。广东两阳中学在实践生动教育的过程中，创新性地实施生动管理，使学校的德育工作与学生实际情况相结合，使德育工作真正落实到学生的学习生活中。在生动教育管理过程中，我们紧紧围绕创建"三优"校园的中心工作，秉承"德为先、生为本、师为重"的办学理念，以立德树人为主线，以团委和学生会为主导，以社团、班级、团支部为依托，以活动为载体，在思想引领、组织建设、队伍建设、校园文化建设等方面为学生提供成长成才的舞台，提升学生能力水平和文化素养，促进学生全面发展。

一、思想引领：我心向党，青春飞扬

1. 以各种活动载体提高学生思想觉悟

借助国庆、清明、青年节等重要节日，以校团委学生会为主导，以班级团支部为依托，在校内积极开展生动活泼的德育活动，引导广大学生践行社会主义核心价值观、弘扬中华传统美德、规范日常文明行为，引领校园文明新风。在国庆节前后，组织全校60多个团支部开展"我的中国梦""与信仰对话"等爱国传统教育主题活动。教师节期间倡议全校学生开展"师恩难忘 感谢有你"感恩教师活动。五四青年节期间先后组织如下系列活动：开展高一年级五四合唱比赛，参与人数有1200多人；开展高二年级"经典诵读比赛"，参与人数有1300多人；组织全校60多个团支部进行"重温入团宣誓"活动，参与人数有4000多人；组织新团员入团仪式，每年吸纳新团员150名左右；开展纪念五四运动暨优秀学生干部表彰大会，表彰奖项有5项，表彰人数有400人次。清明节期间，组织50多名学生前往北山烈士陵园扫墓，缅怀先烈。三月雷锋月期间，组织全校60多个团支部开展志愿服务活动，传递爱心。内容丰富、形式多样、生动活泼的主题教育活动，丰富了学生的德育体验，让学生形成健康积极的人生观、价值观，并在具体的实践活动中践行社会主义核心价值观，做合格的接班人。

2. 动员全校师生学习并贯彻党的十九大会议精神，为"强国一代"的成长打好精神底色

在校团委组织下，全校三个年级60多个团支部利用班会课开展"学习十九大，增强先进性"、"一学一做教育实践活动"、"习总书记系列重要讲话"、"怎样做一名合格共青团员"、"三会两制一课"等主题团日活动，面向全校3000多名团员青年举行"不忘初心，牢记使命"党的十九大精神学习心得征文活动，在团委和学生会内部开展"践行新思想，拥抱新时代"主题组织生活会，在团员学生间掀起学习宣传贯彻十九大精神的热潮。通过多种形式层层学习，学生用习近平新时代中国特色社会主义思想武装头脑，坚定理想信念，树立远大志向，增强能力本领，始终艰苦奋斗。

3. 发挥志愿服务实践育人的功能，培养学生的奉献精神，形成良好品格

为进一步弘扬雷锋精神，倡导"奉献、友爱、互助、进步"的志愿精神，校团委积极组织全校支部开展"弘扬雷锋精神，我为社会献份爱"学雷锋关爱老人活动，倡导各团支部利用周末时间到养老院为老人服务。全校开展的学雷锋活动总数达100多次，总参与人数达3000多人。在2019年4月组织60多个支部和20多个学生社团开展义卖活动，为贫困山区的留守儿童募集善款。在儿童节期间，校学生会组织60多名学生前往阳春松柏镇新联小学开展"手拉手"活动，为乡村儿童带去爱和希望。为更好地开展校内外的志愿活动，我校成立了志愿者协会，协会人数达200多人，组织活动50多次，活动参与人数达1000多人次。我校已有1500多名学生在广东志愿者平台注册成为志愿者，在实践中弘扬和践行志愿精神。

4. 构建多元化校园文化宣传平台，积极发挥学生榜样作用，弘扬校园正能量

依托宣传栏、海报、校刊、广播站等校园文化宣传阵地，借助微信平台等新型媒体，在校内开展"不忘初心跟党走，牢记使命建新功"、"生命至上，和谐校园"、"不朽的精神、伟大的起点——五四"等专题系列宣传活动，加大宣传和教育力度。以团校为阵地，加强学生团员意识教育，培养团员学生的责任感、使命感、荣辱观。另外，校团委和学生会重视优秀学生和群体典型培养，重视发挥榜样的作用。每年都会面向全校学生开展优秀学生及团干的评选，并推荐学生参加省市优秀学生的评选，发现和树立典型，让班级和团支部相互学习，取长补短，共同提高。积极响应省的号召，开展寻找"最美南粤少年"的活动，评选出冯丹麒、梁文盈、叶天祺等5名最美少年参加省市的评选，一方面为优秀学生提供展现自我风采的平台，另一方面让广大学生关注身边的榜样、学习身边的榜样、努力成为榜样，让榜样的力量触手可及。近年来，在阳江市五四表彰大会上，我校陈雪梅、刘晓云等8名学生干部荣获市"优秀学生干部"，李元泓、邹嘉怡等10名学生干部荣获"阳江市优秀团员"；校学生会荣获"阳江市优秀学生会"称号，校团委荣获"阳江市五四红旗团委"称号，学生社团摄影协会、文学社荣获"阳江市优秀社团"称号。2018年团校被授予首批"广东省中学示范团校创建单位"。

二、文化建设：生动激扬生命，点亮人生

1. 营造健康、积极、高雅的校园文化氛围

学校每年都会举办丰富多彩的艺术节、体育节、科技节系列活动，如十佳主持人比赛、十佳歌手比赛、校庆晚会、创意入场式、校庆游园活动等。每年12月举行高三学生18岁成人礼活动，每年3月举行爱心义卖活动，每年4月举行清明扫墓活动，每年5月举行五四大合唱比赛，在读书月举行经典诵读比赛、传统文化社团展示周活动，等等。各项活动反响良好，气氛热烈，学生积极参与，热情投入。另外，大部分学生活动的组织都是以校团委和学生会为主导，以学生社团和班级为依托，在活动中实现学生的自我管理、自我服务、自我教育、自我监督，极大地提高了学生自主参与、管理班级、学校事务的积极性。在生动教育理念的引领下，所有的活动本着人人参与、人人发展、人人成功的目标，广泛搭建平台，让学生在丰富多彩的活动中，展示自我、发展自我、丰富自我、成就自我。

2. 以学生社团为依托，多元创新发展，打造异彩纷呈的"两中"社团文化，活跃校园氛围

内容丰富、形式多样、生动灵活的学生社团是学校生动教育的重要阵

地。为了培养学生多方面兴趣，提高学生的综合素质，学校大力支持学生社团的建设与发展，涌现出国旗护卫队、广播站、礼仪队、志愿者协会、摄影协会、合唱社、舞蹈社、文学社、武术社、太极社、健美操队、街舞社等20多个学生社团，参与社团的总人数达2000多人次。学生社团活动是实现学生全面、个性发展的重要途径，每个学生都能参与社团活动，在社团活动中学有所好，学有所长，使兴趣和特长得到良好的发展。社团的学生每年都会积极参与校内外文艺活动比赛。合唱团、街舞社、健美操社、武术社、舞蹈队等社团每年都会在校庆晚会上展示风采，节目质量获得师生认可。在阳江市中小学文艺展演中，我校合唱节目《城南送别》荣获一等奖，舞蹈节目《找自己》荣获二等奖，朗诵《将进酒》荣获二等奖。在广东省中小学文艺展演中，我校舞蹈社舞蹈《找自己》荣获一等奖。

"学生是有血有肉的生命，教育的目的在于激发和引导他们走上自我发展的道路。"在生动教育实践过程中，我们深深感受到生动教育对学生产生的潜移默化的影响，它增强了学生自主学习、自主管理、自主教育的意识和能力，提升了学生的综合素质，促进了学生的全面发展，更提升了学校的教育品位，使得学校成为孩子成长的乐园，成才的摇篮。同时，我们也深知教育不是一蹴而就的事情，是一个循序渐进的过程。新时代背景下的教育充满机遇与挑战，作为教育者的我们任重而道远。在改革与创新的教育道路上，我们将不忘初心，砥砺前行，不断完善，不断发展，不断追求卓越，以生动激扬生命，让教育洒满阳光！